이럴 거면
혼자 살라고 말하는
당신에게

최민지 지음

남해의봄날

목차

프롤로그

개인주의자는 천덕꾸러기일까

2020년 유독 주목받은 유튜브 콘텐츠가 있다. 그 콘텐츠를 대표하는 명대사는 바로 이것.

4번은 놀고 있지
4번은 팀워크가 없어
4번은 개인주의야
4번은 혼자밖에 생각하지 않아

UDT 훈련 체험을 하는 이 콘텐츠에서 대위는 훈련에 제대로 임하지 않는 교육생에게 '개인주의'라는 말로 일침을 놓는다. '놀고 있고, 팀워크가 없으며, 혼자밖에 생각하지 않는 사람'이라고 말이다. 이미 잘 알려진 것처럼 개인주의와 이기주의는 동의어가 아니다. 그러나 이 사실은 문장 속 활자로만 갇혀 있을 뿐, 실생활에서 개인주의는 자기중심적이거나 사회성이 부족한 사람을 칭할 때 곧잘 등장한다.

예능으로 봐야 하는 유튜브를 내가 너무 다큐로 받아들인 걸까? 내친김에 포털의 뉴스 기사 검색창에 '개인주의'를 검색해 봤다. 개인주의 뒤에는 주로 이런 단어가 붙어 있었다. 팽배, 창궐, 만연.

"행복이 팽배해요", "기쁨이 창궐해요", "사랑이 만연해요"라고 하지 않는 것처럼, 우리는 무언가 좋은 것에는 이 단어를 붙이지 않는다. 개인주의에 부정적인 가치 판단이 녹아 있다는 증거다.

세상살이에서 벌어지는 모진 일의 주범으로 개인주의를 지목하고 있으니, 개인주의가 지양해야 하는 가치처럼 느껴질 만도 하다. 그런데 공동체를 무너뜨리고 사회를 분열시키는 진범이 정말 개인주의일까? 개인주의자는 정말로 천덕꾸러기일까?

사전에서는 개인주의를 '사회의 모든 제도에 있어서 개인의 가치를 존중하는 태도'로, '집단보다 개인이 존재에 있어서도 먼저이고, 가치에 있어서도 상위라고 생각하는 사상'으로 정의하고 있다. 이는 근대에 들어서 생겨났는데, 민주 국가가 자유롭고 평등한 개인을 전제한다는 점에서 개인주의는 민주주의의 뿌리가 되기도 했다.

내가 생각하는 개인주의는 너와 내가 오롯한 한 인간으로 살기 위한 방안이다. 무리로부터 특정한 생각과 행동을 강요받지 아니하고, 소속한 집단만으로 정체성을 규정짓지 않으며, 자기 의지와 신념에 기반해 살아가려는 사람들의 가치. 다른 이에게도 나와 동일한 권리가 있음을 알고, 너와 나의 권리를 함께 지켜 나가려는 태도. 이 과정에서 서로의 주장이 맞부딪힐 때도 있겠지만 최대한 타협점을 찾으려 노력하는 모습이 성숙한 개인주의가 아닐까.

물론 세상에는 '이기적인 개인'도 있을 수 있고 개인이 모여 '이기적인 집단'도 만들어 낼 수 있으며 그 이기적인 존재가 내가 아니라는 보장도 없다. 그렇기 때문에 우리는 좋은 개인주의에 대한 이야기를 더 많이 나누어야 한다. 가족도, 직장도, 사회도, 국가도 사람과 사람이 모여 만드는 것이니까. 개인이 없으면 공동체도 없다. 그런 개개인을 조금 더 귀하게 여기는 데에 초점을 둔다면 개인주의를 긍정적인 방향으로 발휘하며 살 수 있지 않을까?

이러한 생각이 나만의 의견은 아닌 것 같다. 많은 작가의 글을 통해서도 우리가 추구해야 할 개인주의의 모습을 생각해 볼 수 있다.

어떻게 보면 난 좋은 의미의 개인주의자라고 생각해요. 내가 중하니까 남도 중한 거지, 전체를 위해서 나 개인을 희생하고 싶은 생각도 없고, 그런 소박한 민주주의 개념이 남자와 여자 사이라고 차별이 있어서는 안 된다는 정도의 생각밖에 전 없습니다. (…) 사람이 사람을 억압하는 사회가 싫은 거죠. 남자가 여자를 억압하는 사회도 싫고, 여자가 남자를 억압하는 사회도 싫어요.

– 박완서, 〈박완서의 말〉 89~90쪽, 마음산책, 2018

개인주의란 유아적인 이기주의나 사회를 거부하는 고립주의가 아니다. (…) 합리적 개인주의자는 인간은 필연적으로 사회를 이루어 살 수밖에 없고, 그것이 개인의 행복 추구에 필수적임을 이해한다. 그렇기에 사회에는 공정한 규칙이 필요하고, 자신의 자유가 일정 부분 제약될 수 있음을 수긍하고, 더 나아가 다른 입장의 사람들과 타협할 줄 알며, 개인의 힘만으로는 바꿀 수 없는 문제를 해결하기 위해 타인들과 연대한다.

– 문유석, 〈개인주의자 선언〉 26쪽, 문학동네, 2015

민주적 시민성이 높은 사람들, 수평적 개인주의자들이 방역 성공의 주역이다. (…) 이들은 개인이 자유롭기를 바라지만, 좋은 공동체 안에서만 진정으로 자유로운 개인이 가능하다고 믿는다. 그래서 좋은 공동체를 만드는 데 시간과 노력을 들인다.

– 천관율, '코로나19가 드러낸 '한국인의 세계'– 의외의 응답', 〈시사인〉 663호, 2020년 6월 2일자

각기 다른 글 속에 하나의 맥락이 흐른다. 개인으로서 나의 권리를 주장하되, 나와 동등한 개인으로서 타인의 권리도 고려하고 존중하는 행동양식이 개인주의의 핵심이라는 것이다.

개인주의의 '개인'은 '나'이기도 하지만 '타인'이기도 하다. 내가 존중받길 원하듯 타인을 존중해야 한다는 전제가 깔려 있다. 나는 존중받길 원하지만 타인을 존중하지 않는 것, 나만 생각하는 행동은 개인주의가 아니다. '이기주의' 혹은 요즘 말로 '내로남불'이라고 할까.

나도 소박한, 합리적인, 수평적인 개인주의자에 속하는 사람 중 하나라고 생각한다. 직업을 선택할 땐 부족한 깜냥이지만 이왕이면 사회에 기여할 수 있는 일을 하고자 했다. 개인으로서의 나 자신이 잘 살고 싶었기에 남도 같이 잘 살 수 있는 기반을 만들고 싶었다.

개인주의와 공동체주의가 대척점에 있다고 생각하지 않으며, 인간과 인간이 만나 이루는 공동체의 바탕에 독립적이고 자율적인 개인이 있어야 한다고 믿는다. 대학시절 내내 여러 시민단체를 돌며 경험을 쌓고, 졸업장을 쥔 후엔 협동조합으로 향한 것도 이 때문이었다.

다양한 사람을 만나고, 경험이 더해질수록 이런 생각은 더욱 견고해졌다. 개인주의는 성숙한 관계 맺기의 기본 바탕이기도 하니 말이다. 누군가가 나의 친구, 연인, 동료이기 이전에 나와 다른 의견과 가치를 지닌 개인이라는 것을 알고, 존중해야지만 올바른 관계를 맺을 수 있다.

결혼도 마찬가지다. "개인주의자면 결혼은 어렵겠다. 혼자 사는 게 낫지 않겠어?" 하는 이야기를 숱하게 들었다. 멋모를 적에는 '정말 그런가?' 의구심이 생기기도 했다. 그러나 개인주의적 특성은 배우자를 맞이하고 가정을 꾸릴 때 단점으로 작용하지 않았다. 개인주의자가 결혼을 한다는 것은 다른 가족 구성원을 외면하고 이기적으로 살겠다는 뜻이 아니기 때문이다. 그보다는, 인간과 인간이 만나 이루는 '가족'의 바탕에도 독립적이고 자율적인 개인이 있어야 한다고 생각하는 쪽에 가깝다.

가족이라는 이유로 역할과 도리만을 요구하거나 서로의 권리를 박탈하지 않는 관계. 연애, 결혼, 출산, 육아의 과정에서 관습보다는 개인의 선택을 우선시하도록 지지하는 관계. 내가 생각하는 결혼은 이런 것이다.

개인이라는 튼튼한 주춧돌 위에 가족 공동체를 세우고 싶다는 바람은 같은 성향의 남편, 시부모님을 만나며 현실이 됐다. 가족 구성원 간의 상하 질서가 흐트러지거나 유대 관계가 깨져 버린 집안을 콩가루 집안이라 한다는데, 개인주의자가 모여 가정을 이루면 콩가루 집안이 될 거라 우려하는 시각도 있을 것이다. 우리 가족이 상하 질서가 흐린 건 확실하다. 제일 위에 고양이들이 있고 그 아래에 고만고만한 인간 집사 세 명이 있는 꼴이다. 하지만 희한하게 유대 관계는 좋다. 유대란 독립적인 개인과 개인이 하는 것이기 때문이다.

배우자 뿐이랴. 너무나도 가까워서 때로는 동일시되다시피 하는 원가족. 함께 성장하며 교감을 나누지만 나와 닮은 구석과 그렇지 않은 구석이 있는 친구. 같은 일터를 선택했지만 나와는 다른 목표를 지닌 동료까지. 사회를 이루고 사는 우리는 매 순간 다른 개인과 공존한다. 이 공존 속에서 개인이 개인일 수 없고, 어딘가에 소속되기 위해 자기 자신을 갈아 내야 한다면 사람은 다른 사람으로부터 더 멀어지는 길을 선택할지도 모른다. 관계를 지속 가능하게 이어가기 위해서는 모든 개인이 있는 그대로 살도록 격려하고 격려받을 수 있어야 한다.

개인주의는 고립이나 단절을 의미하지 않는다. 오히려 사람과 사람 사이를 건강하게 이을 가능성이 무궁무진하다. 개인이 각자를 지키면서도 함께 살아가는 방법을 찾는 일은 어렵지도, 불가능하지도 않다.

개인주의자가 모여 서로를 동등한 개인으로 존중하는 가족을 이루고, 이웃과 어우러져 '생각보다 멀쩡하게' 살아가는 이야기를 지금부터 해 보려 한다.

1장
지극히 개인적인 성장기

01. 내가 '동거 좋아하는 애'라고 학교에 소문이 났다

순결 캔디 먹으며 동거 찬반 토론이라니

때는 보아가 '아틀란티스 소녀'를 부르고 동방신기가 신인이던 시절, 나는 여고에 다녔다. 학교는 우리를 일렬로 줄 세워 놓고 순결 캔디를 나눠 주었다. 공짜 사탕의 대가는 순결 다짐.

합창하듯 목소리를 모아 "나는 학교와 사회의 발전을 위하여 왜곡된 성가치관과 유해환경 추방에 앞장서 순결하고 아름다운 사회를 만드는 역군이 될 것을 굳게 다짐합니다"라는 말을 읊어야 했다.

뿌리는 이의 노고가 아까워 헛웃음이 나왔다. 우리 학교는 통영에서도 도리골이라는 골짜기에 있었다. 사방이 산과 여중으로 둘러싸인 환경에서 남고생을 구경이라도 하려면 통영대교를 건너거나 해저터널을 지나야 했다. 산 넘고 물 건너지 않는 한, 접할 수 있는 외간 남자라고는 급식 아저씨뿐이었다.

'남자도 없는데 뭣하러 이런 사탕을….'

선언문 내용도 웃겼다. 왜곡된 성가치관과 유해환경을 추방하고 싶다면 순결 캔디를 학교가 아닌 유흥상가 골목에서 나눠 줘야 맞는 거 아닐까. 애꿎은 학생들만 잡는 꼴을 어쩌면 좋으리.

순결 캔디 소동이 한바탕 끝나 갈 무렵, 새로운 소식이 들려왔다. 국어과 선생님들이 색다른 수행평가를 낸다는 뉴스였다. 그것은 바로 발표와 토론! 발표도 토론도 자신이 없었지만, 바둑판 같은 책상에 앉아 목 빠지게 칠판만 보는 것보단 나을 것 같았다.

며칠 후, 첫 토론 주제가 공개됐다. '혼전 동거 찬반'이었다. 동거를 소재로 한 드라마 〈옥탑방 고양이〉가 인기를 끈 후여서일까? 대중 드라마에서 토론거리를 찾으려 애쓴, 선생님의 배려가 담긴 주제였다. 친구들이 들썩였다. 어서 한마디씩 하고 싶어 입이 씰룩이는 눈치였다.

반대로 나는 입이 움직이지 않았다. 무슨 말을 해야 할지 몰랐다. 동거가 좋은 사람은 하고, 싫은 사람은 안 하면 되지. 개인의 결정을 남들이 모여 옳고 그름으로 판가름할 자격이나 이유가 있을까. 순결이든 동거든, 지극히 사적인 영역을 침범하거나 침범당하고 싶지 않았다.

토론 당일, 발언권을 가진 모든 친구가 동거를 열렬히 반대했다. 근거는 이랬다.

— 동거 과정에서 혼전 성관계를 할 위험이 있으며, 혼전 임신, 미혼모, 영아 유기가 늘어날 것이다.
— 결혼을 전제하지 않는 동거는 미풍양속을 해칠 뿐만 아니라 미래의 배우자와 부모님께 상처다.
— 결혼으로 이어진다 해도 문제다. 볼 장 다 본 후에 결혼하면 여자로서 매력이 떨어져 부부가 불화할 것이다.

찬성도 반대도 할 수 없었던 나는 일단 찬성을 하기로 했다. 쓸쓸하게도 동거 찬성자는 나 하나였다. 기억을 더듬어 보자면 내가 한 말은 이랬다.

— 제도는 인간의 편의를 돕기 위한 장치여야 하며, 인간을 구속하는 도구가 되어서는 안 된다.

— 제도에 속하지 않는 관계라고 해서 도덕적으로 비난할 수 없다.
— 남이 어떤 형태로 살든 개인의 선택이므로 놔두자.

평소에 나랑 사이가 꽤 나쁘던 애가 웬일로 편을 들어줬다. 그럼에도 내 의견은 참패했다. 토론이 끝난 후 친구들은 "넌 크면 결혼하지 말고 꼭 동거해라"라고 비아냥거렸고 한동안 나는 '동거 좋아하는 애'라는 소문의 주인공이 됐다.

개인의 자기 결정권 사탕은 없나요

세월이 흘렀고 세상이 변했다. 30대 중반이 된 친구들은 생각보다 다양한 모습으로 살고 있다. 동거와 비혼, 이혼에 대한 이야기도 이제는 편안하고 자연스럽게 오간다. 어른들도 많이 달라졌다. 남자 조심하고 허튼짓 말라던 어르신들이 갑자기 딴 소리를 하는 걸 보면.

"만나는 남자 정말 없어? 어떡하려고 그래."

"요즘은 애가 혼수라는데, 너는 어디서 애 만들어 오는 재주도 없니?"

"남들은 두 번 세 번도 가는데 넌 뭐가 모자라

서 한 번을 못 가니?"

동거라도 좋으니 어서 남자 생물을 만나라고, 하루라도 빨리 아이를 가지라고 성화다. 혼전 동거와 임신에 대한 인식 전반이 변했다고 볼 수도 있겠지만, 여전히 변하지 않은 것이 있다. 개인의 자기 결정권이 처한 위상이다. 무엇보다 소중해야 할 이 가치에는 철옹성 같은 결혼의 당위성을 뚫을 힘이 충분히 실려 있지 않다.

그 결혼이라는 것에는 암묵적으로 정해진 공식과 채점표, 성적표가 있다.

'남성'과 '여성'이 만나 '결혼 적령기'에 혼인해야 하고 자녀는 '아들 하나 딸 하나'인 '정상 가족'을 꾸린다.

이 공식에 충실하면 할수록 '결혼 잘했다'며 높은 점수를 받는다. 순결 캔디와 동거 반대는 이 문제를 푸는 것이 남들보다 빨라서는 안 된다는 경고였고, 노산 운운하며 일단 애를 만들라는 성화는 조금 틀리더라도 문제를 안 푸는 것보단 낫다는 뜻이다.

집단이 정한 공식과 개인이 추구하는 가치가 우연히 일치한다면 행운이지만, 불일치한다면 공식에 자신을 억지로 끼워 맞추며 살거나 문제 자체를 안 푼 반항아로 낙인찍힌다. 정답이 하나뿐인 집단적 과제 앞에 개인은 개인으로 존재하기 어렵다.

동거를 하든 이혼을 하든, 각자 살고 싶은 형태로 살면 안 되는 걸까? 이렇게 말하면 "넌 다음에 꼭 이혼해"라는 농담을 들을지도, 젊은이들의 개인주의 때문에 결혼이 위협받는다는 잔소리를 들을지도 모르겠다.

결혼의 변화? 결혼의 진화!

동거, 만혼, 비혼, 비출산, 졸혼, 이혼. 결혼의 위상이 예전만 못한 것을 두고 개인주의 때문이라고들 한다. 맞는 말일지도 모른다. 실제로 인류 역사에서 결혼은 집단의 생존에서 개인의 행복으로 무게중심이 옮겨 가는 과정이었다. 남정욱 작가의 책 〈결혼〉(살림 출판사, 2014)에는 이와 관련한 흥미로운 이야기가 담겨 있다. 인류 최초의 결혼은 약탈혼, 말 그대로 다른 부족 여자를 훔쳐 오는 형태였다는 것이다.

약탈혼에서 한 단계 발전(?)한 것이 거래혼으로, 자녀를 결혼시키며 노동력을 잃은 부모에게 곡물이나 동물, 금전을 주는 형태다. 신부가 영문도 모르고 보쌈당하는 약탈혼보다는 개인의 권리가 좀 더 보장됐다고 볼 수 있다. 그 후로도 결혼과 출산은 집단의 노동력을 얻기 위한 실용적인 목적으로 이루어지다 근대에 와서야 개인의 일이 된다.

EBS에서 방영한 〈결혼의 진화〉라는 다큐멘터리에서도 비슷한 이야기가 등장한다. 게르만족이 여자를 약탈할 때 쓰던 어망이 훗날 면사포가 되고, 신부에게 채우던 족쇄는 결혼반지가 되었으며, 사라진 딸을 찾는 가족을 피해 도망가던 풍습은 신혼여행의 원형이라는 것이다.

우리 조부모 세대의 삶에도 이런 역사가 녹아 있다. 불과 몇십 년 전만 하더라도 결혼하지 않을 자유는 없었으며, 배우자마저 스스로 선택할 수 없었다. 모든 것이 가족이라는 집단의 선택이었다. 부모가 짝지어 주는 사람과, 부모가 지정하는 시기에 결합했다. 그런 다음 가문의 대를 잇는 역할을 맡았다.

그 시대, 집단의 의사 결정권을 벗어난 '연애 결혼'은 금지된 사랑이었다. 하지만 배우자를 선택할 권리가 당사자에게 주어진 지금, 개인 간의 연애가 사회의 근간을 뒤흔드는 위험한 행위라고 생각하는 사람은 거의 없다.

큰 관점에서 보면 인류의 결혼은 개인의 자유와 권리를 확대하는 방향으로 흘러가고 있다. 젊은 개인주의자를 탓하며 이 흐름을 막아 세우거나 과거로의 회귀를 외치기보다는, 개인을 존중하는 새로운 관계를 고민하는 편이 생산적이지 않을까?

'결혼은 원래 이런 거'라고요?

오늘날에도 무수한 개개인이 제도 안팎을 넘나들며 변화의 흐름에 생기를 불어넣고 있다. 프랑스의 팍스(PACS: 결혼하지 않고도 부부와 같은 법적 지위를 누릴 수 있는 시민연대계약의 일종)처럼 우리나라에서도 생활동반자법 제정을 국회에 발의하려는 시도가 계속되고 있다. 사람들의 인식 변화는 그보다 앞서 있다. 통계청에 따르면 '결혼하지 않고도 함께 살 수 있다'는 동거 찬성은 2012년 45.9%에서 꾸준히 증가해 2020년에는 59.7%에 이르렀다. 〈엄마가 뿔났다〉에서 엄마 역할을 맡은 배우 김혜자가 '졸혼'을 선언했던 파격적인 드라마가 나온 지도 10년이 훌쩍 넘었다. 서로 다른 집에 거주하며 부부관계를 이어가는 LAT(Live apart together)족, 아이 없이 둘만 살아가는 딩크족, 긴 결혼생활에 매듭을 짓는 해혼과 졸혼, 백세 시대에 알맞게 부부가 각자의 휴가를 가지는 결혼 안식년까지, 사람들은 이미 정상가족의 범주를 벗어나 관계의 교집합을 찾는 시도를 하고 있다.

가족 안에서 일어나는 낡은 관행에 의문을 품

는 배우자에게 “결혼이 원래 이런 건지 몰랐어? 싫으면 결혼하지 말고 혼자 살았어야지”라는 말로 입을 틀어막는 일도 이제는 곤란하다. 결혼이라는 제도 속에 들어왔다고 해서 기존 관습 전부를 비판 없이 계승하겠다는 뜻은 아니기 때문이다. 결혼이 ‘원래 이런 거’라는 주장에 수긍해야 마땅하다면 우리는 아직도 약탈혼과 거래혼을 벗어나지 못했을 것이다.

어느새 아줌마가 된 나는 여전히 같은 이야기를 하고 싶다.

— 제도는 인간의 편의를 돕기 위한 장치여야 하며, 인간을 구속하는 도구가 되어서는 안 된다.
— 제도에 속하지 않는 관계라고 해서 도덕적으로 비난할 수 없다.
— 남이 어떤 형태로 살든 개인의 선택이므로 놔두자.

이제는 결혼이나 관계에 대한 문제를 정답이 하나뿐인 객관식에서 주관식으로 바꾸어 나가면 좋겠다. 다른 답을 써냈다고 해서 인생이 통째로 오답 취급받지 않도록.

제각각 다양한 답을 가진 개인주의자들은 사회 유지의 적이 아니다. 문제가 되는 것은 개인주의 자체가 아니라, 2020년대에 농경시대 결혼관을 고수하려는 경직성이다.

02. 가족은 정말 하나일까?

엄마 하고재비, 딸 하고재비

아빠가 자녀 양육에 적극적으로 참여하는 일이 드물던 1990년대. 나 역시 하루 중 많은 시간을 엄마와 함께 보냈다. 엄마와 나는 한 가지 공통점이 있었는데, 둘 다 '하고재비'라는 거였다.

'하고재비'는 무슨 일이든 안 하고는 못 배기는 사람을 일컫는 경상도 말이다. 엄마는 어릴 때부터 알아주던 하고재비였다. 하지만 어린이가 보호의 대상이 아닌 노동력이던 시절이었기에 소에게 풀을 먹이고 동생들 키우는 데 일손을 보태야 했다. 악대부가 너무 하고 싶어서 그거 하나는 했다던 엄마는 성인이 되며 '딸에게는 내가 못다 누린 것을 모두 제공하리' 마음 먹는 대신, '내가 하고 싶었던 것은 무엇이고 지금 할 수 있는 것은 무엇일까'를 더 생각했던 것 같다.

내가 초등학생이 되던 해 엄마는 하루 몇 시간의 자유를 되찾았으며 그중 한두 시간은 자기 자신을 위해 썼다. 제일 먼저 운전면허를 따 오더니, 도예, 다도, 컴퓨터 활용, 사진 찍기, 글쓰기, 장구 치기, 요가를 차례로 섭렵했다. 그런 경험이 모이고 쌓여 경제 자립까지 이루었으니, 단순히 즐기기 위한 시간만은 아니었던 것도 같다.

그런 엄마는 나에게 '무엇을 하라'거나 '무엇이 돼라'고 말하지 않았다. 그저, 자신이 하고 싶은 걸 찾아서 하는 모습을 보여 주었다. 오만 것을 배우며 자신의 재미를 찾아다니는 엄마를 보며 나도 내 재미를 찾고 싶었다. "친구들 엄마처럼 집에 좀 있고, 간식도 만들어 주고, 나한테 신경 좀 쓰지?"라고 하고 싶은 마음도 없었다.

엄마가 본인 하고 싶은 걸 하는 동안 나는 나대로 그림을 그리거나 글을 쓰며 놀았는데, 종종 교내 대회에 참가했지만 상은커녕 종이 쪼가리 한 장 받지 못하는 일이 흔했다. 잘하고 싶은 일이 있어도 뜻대로만 되지 않는다는 걸 처음으로 알게 된 날, 분한 마음에 이불 뻥뻥 차며 우는 나를 엄마는 어화둥둥 어르거나 "선생님들이 안목이 없는 거야" 같은 말로 달래려 하지 않았다. 그저 내가 분을 삭이기만을 기다리고 있을 뿐이었다. 자기 감정을 다른 사람에게 풀지 않고 스스로 소화하는 법을 알아야 한다고 생각했던 것 같다.

그러나 아침 머리맡에는 엄마가 쓴 쪽지가 놓여 있었다.

학교에서 상을 타 오지 않아도 나는 너를
하늘만큼이나 사랑한다. 상을 타지 못했다고 기죽지
말아라. 엄마는 매일매일 너에게 사랑의 상을 주고
있으니까.

하지만 그뿐, 엄마는 언제나 적정선을 넘지 않았다. 엄마로서 정보력을 발휘하거나 좋은 선생님을 붙여 가며 수상 경력을 만들어 주는 일은 없었다.

하고재비들이 각자 자기 하고 싶은 걸 하면 되는 관계. 시험을 잘 치라고도, 상을 받아 오라고도 하지 않는 관계. 울고 화내고 짜증 낸다고 해서 성난 감정을 받아 주지 않는 관계. 그러면서도 사랑의 상을 만들어 시상하는 희한한 관계 속에서 나는 유년기를 보냈다.

그 시간을 통해 알았다. 한 장의 가족 관계증명서에 이름을 올리고 있지만 엄마와 내가 하나는 아니라는 걸. 하나가 되기보다는, 독립된 인격체인 채로 나란히 마주하며 살아가는 존재라는 걸.

눈칫밥이 아닌 하트 밥

'좋은 가족'이란 서로가 일심동체가 아니어도 괜찮다는 사실을 인정하는 가족이 아닐까? 하나의 둥지에서 살을 맞대며 쉬어 가다가도 동이 틀 때 날고 싶은 방향과 속도와 고도가 각자 다르다는 것을 받아들일 수 있는 가족. 아버지가 나온 해병대를 아들이 가고 싶어 하지 않아도, 엄마가 다니는 교회에 딸이 나오려 하지 않아도, 내가 '좋다'고 여기는 모습을 따라 살지 않아도 충분히 수용하고 격려하는 가족. 서로가 별개의 존재라는 것을 알고, 개인의 영역을 존중할수록 좋은 가족의 모습에 더욱 가까이 다가갈 수 있다. 하지만 우리는 이런 대사가 나오는 장면을 더 자주 목격한다.

"다 너 잘되라고 하는 말이야."

잘된다는 것은 무슨 의미일까? 아이를 낳아 키

우는 지금에 와서 돌아보면, 부모가 자식에게 바라는 궁극적인 목표는 '건강하고 행복하게 사는 것'일 테다. 물론 그 '건강'과 '행복' 안에 사회적 성공이나 경제적 조건이 포함될 수도 있다.

하지만 행복에 이르는 방법은 누구나 다르며, 내가 생각하는 행복의 조건이 타인에게도 동일하게 적용되는 것은 아니다. 가족이라도 타고난 성향과 생각, 지향하는 방향과 목표, 인생의 우선순위로 두는 가치는 다를 수밖에 없다. 부모의 가치를 아이에게 주입시키는 것이 정말 아이의 행복을 위한 일일까? 아이의 개별성을 존중하지 않는 것은 아닐까? 제아무리 혈연이라 해도 완벽하게 같을 수는 없다. 가족 사이에서 발생하는 문제 대부분은 더 많이 동일화되지 못해서가 아니라, 가족이 나와 다른 개인이라는 것을 받아들이지 못해서 일어난다. 자식이 진정으로 잘되길 바란다면 가족 안에서도 일정한 '거리 두기'가 필요하다.

고등학생 때 수포자가 되겠다고 선언한 적이 있다. 지망하는 학교 입시에서 수학 성적을 반영하지 않으니 다른 과목 공부에 집중하겠다는 생각에서였다. 친구들은 말했다. 수학 포기는 인생 포기라는데

과외를 붙이면 붙였지 그런 걸 받아들일 부모가 있겠냐고. 수학 점수를 보충시켜서 더 번듯한 학교에 보내고 싶은 것이 부모 마음 아니겠냐고. 그러나 대망의 수포자 선언을 들은 부모님은 이렇게 답했다.

"그래라."

무덤덤한 대답에 모두가 놀랐다. 더 놀라운 것은, 엄마가 도시락 밥 위에 콩으로 하트를 그려 줬다는 거였다. 눈칫밥을 먹어야 할 타이밍에 하트 밥을 먹다니! 공부를 잘하든 못하든, 있는 그대로의 나를 수용받은 기분이었다.

대학을 졸업한 후 갭이어가 필요하다며 취업 연기를 선언했을 때도 그랬다. 아빠는 "공무원 시험 준비하지 왜? 여자는 공무원이 좋은데" 하고 은근슬쩍 권유했다. 하지만 "나 같은 애가 관료사회에 가면 조직에 민폐 아니겠나?" 하는 말에 못 이기는 척 져주었다. 조건이 붙기는 했다.

"취업을 지금 하든 나중에 하든 밥벌이는 알아서 해라. 학교도 졸업했고, 이제 경제적인 지원 없다. 결혼할 때도 마찬가지고."

적극 동의하는 바, 일 년 후 나는 나에게 꼭 맞는 자리를 잘도 찾아갔다. 이 광경을 지켜본 부모님은 또 무심한 듯 이렇게 말했다.

"잘했다."

자식 농사는 마음대로 되지 않는다고들 한다. 만약 부모님이 '자식 성적이 내 성적'이라고 생각했다면? 더 많은 트로피를 거머쥐고 더 높은 수학 점수를 받았을지는 모르겠지만 선택에 대한 결정권을 갖거나 삶의 장악력을 훈련하지는 못했을 것이다. "아직은 어디서 일하고 싶은지 모르겠다"며 늑장 부리던 때도 "지금 그런 말 할 때야? 일단 어디든 들어가"라고 했다면? 원치 않는 자리에서 직장인 타이틀을 얻기 위해 일하는 사람이 되었을지도 모르겠다.

가족, 있는 그대로의 나를 받아 주는 울타리

너와 나 구분 없이 하나로 뭉치는 것이 아니라, 한 지붕 안에서도 서로 다른 인격체로 분리될 수 있는 것이 가족이라니! 커다란 밀가루 반죽이 수제비처럼 뚝뚝 끊기는 듯한 모습이 우리가 알던 '끈끈한 가족'과는 달라 보인다. 누군가는 "그럴 거면 가족이 무슨 의미냐?" 할지도 모른다.

수제비 조각처럼 따로 노는 개인에게 가족은 왜 필요할까? 한 덩어리에서 떨어져 나온 이상 남남 같은 사이가 되지는 않을까?

그렇지는 않을 것이다. 가족에게는 '구성원이

자신이 선택한 모습대로 살도록 돕는 사람'이라는 가장 큰 소임이 있으니까. 하나로 커다랗게 뭉쳐 있을 때는 알 수 없던 자신의 모습을 탐색하고, 발견하고, 추구하는 과정을 지지하는 일. 다른 누구로도 대체 불가능한 개인으로 성장하게끔 돕는 일. 나와는 다른 모습을 하고 있지만, 그 모습 그대로를 힘껏 포용하는 일은 가족이기에 가장 잘할 수 있다. 남들이 보기에 지독히 말 안 듣고 까다로운 딸에게 눈칫밥이 아닌 하트 모양 밥을 주는 것처럼.

가족은 흔히 '울타리'에 비유된다. 세상의 풍파로부터 서로를 보호하는 안전한 공간이라는 의미일 것이다. 그 울타리를 어떻게 사용하면 좋을지를 생각해 본다. 개인의 영역을 제한하고 관계를 옭아매는 울타리라면 모두가 담 넘어 떠날 날만 고대할 터. 하지만 울타리 안에서 자신의 고유함을 마음껏 탐색하고 서로의 다름을 수용하는 연습을 할 수 있다면, 가족은 있는 그대로의 개인을 존중하는 법을 배우는 최초의 공간이 된다.

학업, 취업, 진로, 결혼. 삶에 있어서 중요한 마디가 되는 순간마다 나는 나름의 개인성을 발휘했다. 가족과 의논을 하고 의견을 주고받되, 최종 결정권과 책임을 내 몫으로 여기며 클 수 있었던 것은 가족구성원이 서로를 독립된 개인으로 대하려 애쓴 덕일 것이다.

03. 서로 달라도 친구가 될 수 있습니다

친구의 정의가 무엇이냐 물으신다면

나에게는 김만두(가명)라는 친구가 있다. 만두를 처음 만난 건 대학교 1학년, 어느 시민단체 청년 모임에서였다. 멀리서 관찰한 만두는 생김새가 하얗고 성격이 말랑말랑 모나지 않으면서도 속에 들어찬 게 많은 사람 같았다.

만두는 나와 닮은 구석이 많다. 우리는 섣부른 말이나 행동으로 다른 사람을 불편하게 할까 우려하다가 말도 행동도 못 할 때가 많았다. 일상에서 느끼는 감정의 스펙트럼이 넓고, 그래서 외부 자극을 예민하게 느끼며, 에너지를 얻기 위해 혼자 있는 시간이 필요한 내향적 성향이라는 것까지 비슷했다.

비슷한 점이 많아서일까. 만두는 언제부터인가 내 마음을 가장 섬세하게 읽어 내는 사람이 됐다. 밀려오는 생각이나 감정을 어떻게 표현해야 할지 몰라 횡설수설하면 "네가 하고 싶은 말이 이 말이지?" 하며 정리할 지경까지 다다랐으니 말이다. 그 옛날 김영랑 시인의 표현을 빌리자면 '내 혼자 마음 날갈이 아실 이'라고 할까.

그런 만두야말로 타인과 자신 모두를 긍정하는 개인주의자라고 느낄 때가 있다. 모임에서 우정을 돈독히 하자는 이유로 회식 필참을 강권할 때, "매번 밤새 놀아야 우정이 돈독해지는 거고, 빠지면 의리가 없는 거야? 그렇게 생각하지 않는 내가 이상한 거니?" 하며 투덜대던 내게 만두는 "민지야, 대안학교 이름 중에 '우다다 학교'라는 곳이 있다? '우리는 다 다르다'의 줄임 말이래. 나는 그 말이 참 좋더라. 누가 정상이고 누가 이상한 게 아니라, 그냥 우리는 다 다른 거라고 생각하자" 말하며 다독였다.

당연히 김만두와 나도 서로 다른 점이 있다. 만두는 잔잔한 일본 영화를 좋아하고 나는 요란한 인도 영화를 좋아한다는 것, 만두는 커피를 좋아하고 나는 홍차를 좋아한다는 것 같은 사소한 취향도 그렇지만, 크게는 각자가 선택한 '살아가는 방법'이 다르다. 아이를 낳고 엄마가 되기로 한 나와 달리 만두는 아이 엄마가 되어야 한다는 마음이 없다. 자연히 하루 일과도, 일상 풍경도, 주요 관심사도, 만나서 하고 싶은 이야기도 극명하게 달라질 수밖에 없다.

그럼에도 우리가 소원해지지 않는 이유는 서로가 선택한 삶의 방식을 진심으로 지지한다는 데에 있다. 모든 관계는 '우. 다. 다'를 전제하지 않고서는 지속될 수 없다는 것을 알아서이자, 김만두와 내가 함께 좋아했던 책의 제목처럼 '네가 어떤 삶을 살든 나는 너를 응원할 것이다'라는 태도로 서로를 대하고 있기 때문이기도 하다. 닮은 점에 기뻐하고 다른 점을 존중하며 서로의 삶을 응원하는 존재. 김만두와 함께하는 시간 동안 내린 '친구에 대한 정의'이다.

다르기 때문에 매력 있는 친구

그런가 하면, 만두와 냄새부터 다른 친구 배쫄면(가명)이 있다. 학교에서 '태권도 하는 애'로 알려진 쫄면이. 대회에 나가 체고생을 제치고 상을 탔다나. 첫인상부터 명랑 만화에 나올 것 같은 모습이었다.

내가 '이런 행동을 하면 실례일까 아닐까'를 생각하느라 말수가 찰기 없는 면발처럼 뚝뚝 끊겨 버리는 인간이라면, 쫄면이는 유연하면서도 탄력이 있다. 솔직하고 호탕한 모습이 신선해서 호기심이 생겼다.

그렇게 관계를 트게 된 배쫄면은 나와 달라도 너무 다른 사람이었다. 누군가 처진 어깨를 하고 있으면 뚜벅뚜벅 다가가 "만다꼬 이러고 있노? 일어나라. 가자" 툭 건네는 친구다.

성인이 된 후에도 쫄면이의 강단은 여전하다. 취준생이던 때, 입사 시험 최종 단계에서 온종일 북한산을 오르는 '등산 면접'을 보게 됐다. 김만두는 내가 나에게 하고 싶은 이야기를 그대로 옮긴 듯한 말을 고이 적어 보냈다.

"민지야, 그냥 면접도 아니고 등산 면접이라니 많이 긴장되겠다. 그냥 면접은 연습이라도 하지, 등산은 연습하러 갈 수도 없고. 그래도 면접관이랑 하루 동안 충분히 이야기 나누다 보면 너랑 일하고 싶은 마음이 더 커질 거야. 걱정하지 말고 네 모습 편하게 보여 주고 와."

만두의 섬세한 응원에 눈가는 촉촉, 콧날이 아렸다.

반면 배쫄면은 이렇게 말했다.

"올라라! 두 발로 안 되면 네 발로라도 기어서!"

체육인다운 패기였다. 헉헉대며 네 발로 바위산

을 오르는 모습을 상상하자 풋 하고 웃음이 터졌다. 긴장을 누그러뜨리고, 초조함을 흘려보내게 한 메시지였다.

한번은 타지 생활에 회의를 느껴 이런저런 고민을 늘어놓았다.

"일은 좋은데, 언제까지 여기서 살아야 되나 싶다. 통영으로 돌아가면 가족이랑 살 수는 있지만 전공 살릴 만한 일자리가 없고, 여기 계속 있자니 혼자 동떨어진 것 같고. 이대로 사는 게 맞는지, 어디서 살아야 되는지를 모르겠다."

구구절절한 고민을 들은 배쫄면의 한 마디.

"그냥 아무 데서나 잘 살면 안 되나?"

요동치는 감정선을 세세하게 읽어 주지도, 손을 잡고 같이 울어 주지도 않는다. 그렇지만 끝도 없이 이어지는 걱정을 명쾌하게 잘라 내는 재주는 내게 없는 쫄면이의 장점이다.

"어? 맞네. 아무 데서나 잘 살면 되네."

일본까지 살러 가겠다는 씩씩한 결정에도 '아무 데서나 잘 살면 된다'라는, 쫄면의 단순 명료한 한 마디가 큰 힘이 됐다.

피해를 안 주고 안 받는 관계, 그 이상

한집에 사는 가족도 다 제각각인데 다른 환경에서 자란 친구야 오죽 다를까. 그럼에도 "너는 왜 그런데?"하고 비난하거나 "너랑은 안 맞아"라며 배척하지 않고, 서로의 '다름'을 당연하게 여기며 존중하는 것이 바로 개인주의자의 미덕이다. 그리고 그때 비로소 더 넓은 세계가 열린다.

생각과 성향이 닮은 사람과 교류할 때 편안함을 느끼는 것은 자연스러운 일이다. 하지만 나와 닮은 사람은 닮았기 때문에, 다른 사람은 다르기 때문에 관계는 이어진다. 만두에게 쫄면이 되라고 할 수도 없고, 쫄면이에게 만두가 되라고도 할 수 없다. 모든 사람이 내 입맛에 맞기를 기대해서도 안 된다. 만두는 만두라서, 쫄면이는 쫄면이라서 좋다.

성격과 성향에만 해당되는 말은 아니다. 의견과 가치관도 그러하다. 이를테면 절대자의 존재는 믿지만 그 절대자가 누구인지 알 수 없어 무교 상태에 놓인 나와 달리, 종교에서 삶의 깊이와 의미를 느끼는 박순대(가명). 순대를 통해 종교를 가진 사람의 세계관을 접할 때면 세상을 보는 관점 하나가 더 늘어난 기분이 든다. 내가 여행을 하는 이유도 세상 사람들의 다채로운 관점이 궁금하기 때문인데, 순대처럼 종교가 다른 이들을 만나는 건 여행과도 퍽 닮았다.

그런가 하면 '보통의 시민과 청년이 정치의 주체가 되면 좋겠다' 생각하는 나와 달리, 큰 정당의 가능성 있는 인물에게 힘을 실어 줘야 한다는 이튀김(가명). 내 의견이 허점 없이 완전무결하리라 자신해서는 안 될 일이기에 튀김이의 말을 흘려들을 수가 없다.

돈이 안 되는 일도 재밌으면 신나게 하는 나와 달리, 재미보다는 경제적 보상이 더 중요하다 생각하는 정어묵(가명)도 있다. 처음에는 작은 접점 하나 없어 보였지만, 요즘은 '어묵이에게는 경제적 보상이 곧 재미인가 보구나'라는 생각이 든다. 나는 나의 재미를, 어묵이는 어묵이의 재미를 느끼며 살아가니 이래저래 좋은 일이다.

내가 이렇게나 다른 개개인과 관계를 이어 갈 수 있는 데에는 친구들의 덕택도 크다. 누구도 자신이 믿는 신을 나에게 믿으라 하지 않고, 자신이 지지하는 정당인만이 옳다고 강권하지 않으며, "이제 재미 찾을 나이는 지나지 않았니?"라고 핀잔 주지 않으니 말이다. 이 목소리 저 목소리가 오가고, 귀를 내어 주는 것만으로도 개인과 개인은 연결될 수 있다.

그러니 개인주의 본연의 의미로 '친구'와 '관계'를 해석한다면, '개인주의적인 친구'란 자기 외의 타인을 경시하거나 성숙한 교우 관계를 맺지 못하는 사람이 아니다. 얌체처럼 자기 것만 챙기려 하거나, 제멋대로 행동하는 사람도 아니다.

'개인주의자는 남에게 피해를 주지도 않고, 받지도 않는 사람'이라는 표현도 틀린 말은 아니다. 그러나 개인주의자가 마음 다해 맺는 관계는 이를 뛰어넘는다. 다른 개인의 특징과 개성을 매력으로 바라보는 사람. 서로 다른 삶의 방식이라 해도 지지하는 사람. 그런 사람들이 맺는 관계에는 타인이 나를 이해하고 수용하기 위해 노력해 준다는 고마움은 물론, 그 과정에서 나오는 농밀한 신뢰와 친밀감이 있다.

한 인간으로 태어나 다른 인간과 관계 맺으며 사는 것은 기쁜 일이다. 앞으로 남은 삶에서는 또 어떤 등장인물을 맞이하게 될지 모른다. 그에게도 닮은 점에 기뻐하고 다른 점을 존중하며 삶을 응원하는 존재가 될 수 있다면, 나도 그런 존중과 응원을 받을 수 있다면 더 바랄 것이 없겠다.

04. 가족 같은 사이가 그런 거라면 사양하겠습니다

동생 같아서 하는 말이라고요?

늦은 퇴근길. 회사를 간신히 빠져나와 버스에 몸을 싣는다. 편의점에 내려 맥주 한 캔 사 들고 잰걸음을 걷는다. 삑삑 삑삑 삑삑, 신속하고 정확하게 비밀번호를 누르면 현관문이 열린다. 신발을 훌훌 벗어 던지고 데스크톱을 켠다. 이어지는 스카이프 신호음. 소리가 끊기면 환한 화면과 함께 남자 친구와 고양이들이 나타난다.

"오늘도 수고했어!"

눈은 모니터에 고정하면서도 손으로는 캔 뚜껑을 딴다. 카메라를 향해 "건배"를 외치면 데이트가 시작된다.

한국 사는 나와 일본 사는 그의 연애는 랜선으로 이어졌다. 옛날과 달리 국제전화에 비싼 돈 들이지 않아도 된다는 점, 거리는 있을지언정 시차가 없다는 점은 다행스러웠다.

그럼에도 허전함은 채워지지 않았다. 납작한 화면 속에 갇힌 남자 친구 얼굴에선 입체감도, 온기도 느껴지지 않았으니까.

그런 우리도 가끔은 오작교를 건넜다. 틈틈이 휴가를 내고 재회한 것이다. 그래 봐야 일 년에 네 번이었다. 만나서 별달리 하는 것도 없었다. 촘촘한 빗으로 고양이 털을 빗겨 주고, 그러다 배고프면 동네 라면집에 가는 것이 전부였다.

단지, 내가 든 맥주캔이 웹캠 아닌 그의 맥주캔에 맞부딪힌다는 것이 달랐다. 감격도 감격도 이런 감격이 없었다. 연애 상대가 모니터가 아닌 사람이라는 사실, 남자 친구가 가상의 인물이 아닌 실존 인물이라는 사실을 확인받는 시간이었다.

2.3초 갈던 2박 3일을 보내고 한국에 온 지 며칠이나 지났을까? 회사 책상에 앉아 열일하는 내 뒤통수에 날카로운 목소리가 내리꽂혔다.

"민지 씨, 지난주 연차 내고 간 데가 일본이야?"

상사였다. 격앙된 목소리에 같은 사무실을 쓰는 수십 명의 눈길이 따라붙었다.

"페이스북 보니까 비행기 탄 것 같던데? 그동안 일본 몇 번 갔어? 지난 설에도 갔어? 결혼도 안 한 여자가 남자 친구 만난다고 외박하고 다니면 어떡해. 이미지 관리 좀 해. 난 자기가 연애 같은 거 하러 다니지 말고 워커홀릭이 되면 좋겠어. 이참에 회사 기숙사로 들어가. 출퇴근 시간도 줄이고 돈도 굳고 얼마나 좋아? 자기가 내 동생 같아서 하는 말이야."

갑질 하는 이유가 '가족 같아서'라니

제일 먼저, 사적 공간인 SNS를 털렸다는 것이 불쾌했다. 어떻게 찾아냈고, 언제부터 봐 온 것인지 캐물어도 답이 없었다. 사생활에 대한 결재권을 가진 것처럼 구는 태도도 부당했다. 쉬는 날 방구석에서 혼자 굴러다니든, 연애를 하러 가든 조직이 개입할 수 없는 개인의 선택이 아닌가! 무엇보다도 이 모든 것을 '동생 생각해서 한 말'로 둔갑시킨다는 사실이 충격이었다.

놀라운 사연 보따리를 들고 친구들을 만났을 때, 모두가 믿을 수 없다며 경악했다.

"그렇게까지 하는 상사가 있다고?"

"우리 회사도 직원 연애까지 건드리지는 않던데? 출산하면 눈치는 주더라."

"맞아! 가족 같은 사이랄 땐 언제고 애 낳으러 간다니까 자리 비운다고 싫어했어. 축하한다는 말보다 인수인계 얘기 먼저 하더라니까."

"뭐? 가족이 출산하면 좋아해야 되는 거 아냐? 그게 뭐가 가족이야."

그랬다. 조직이 가족에 빙의하는 것은 내부 결속력을 높이고 구성원을 손쉽게 관리하기 위해서다. 그래 놓고 정작 가족애를 발휘해야 할 순간에는 등을 돌린다. 가족애 없는 유사 가족. 이런 일은 사회에서 공공연하게 일어난다.

가족 빙의 언행이 참견 정도에서 그치면 다행이다. "아들딸로 살기 힘든 이유 : 딸 같아서 성희롱하고 아들 같아서 갑질함"이라는 코미디언의 유병재의 말은 명언 중의 명언이다.

고위층 군 관계자가 공관병에게 전자발찌를 채워 가며 잡일을 시킨 이유는 '아들 같아서'였고, 종교인이 여학생들을 성추행한 이유는 '딸 같은 아이들을 사랑으로 대한 것'이라 했다. 이뿐인가. 한 국회의원은 '골프 캐디가 손녀 같아서 손가락 끝으로 가슴을 한번 툭 찔렀다' 하였다.

가족(family)의 어원은 '하인, 노예'를 뜻하는 라틴어 'famulus'라는데, 설마 가족이란 단어를 2천 년 전 로마인과 같은 의미로 이해하는 걸까? 도대체 가족이 무엇이길래 '가족 같아서'라는 변명이 도 넘는 참견과 갑질을 대변하는 단골 레퍼토리가 된 걸까?

학교, 회사, 사회를 장악한 가족주의

따뜻하게 느껴지는, 혹은 따뜻하게 느끼도록 교육된 '가족'이라는 관념이 언제나 선(善)은 아니다. '동생 같아서, 조카 같아서, 자식 같아서'라는 말은 묘하게 권위적인 느낌이 난다. 상대가 제멋대로 연장자의 위치를 취한 순간 관계도는 자연히 손위-손아래로 서열화되고, 아랫사람 된 입장에서 부당함을 적극적으로 제기하기 어려워진다.

개인과 개인의 대면이 가족을 연상시키는 관계로 바뀌면 지켜야 할 선도 열어진다. 도 넘은 참견과 갑질은 그 틈을 파고든다. 허물도 경계도 없이 깊이 부대끼며, 아무리 큰 실수를 해도 말없이 포용하는 것이 가족이라는 관념이 있기 때문이다.

이러한 생각의 바탕에는 개인을 가족의 일부로만 정의하고, 독자적인 주체로 바라보지 않는 가족주의가 있다. 학교와 회사, 사회와 국가가 가족에 빙의하는 것도 확대된 가족주의다. 가족에게나 기대할 만한 의무와 책임을 요구해 집단의 기강을 바로잡으려는 의도가 깔려 있기 때문이다. 일제강점기 일본이 국가를 부모처럼 충효로 대하기를 강요하고, 1960년대 개발독재 체제가 기업을 가족에 비유하며 노동자의 헌신을 요구한 것도 같은 맥락이다. 가족주의가 근현대를 지배하는 동안 개인의 독립성은 설 자리가 없었다. 가정 안에서는 부모와 남편과 형, 가정 밖에서는 '가족 같은 회사'와 '가족 같은 나라'에 순종하는 것이 개인에게 주어진 역할이었다.

가족 같은 사이 말고, 개인 대 개인 합시다

"자기가 내 동생 같아서 하는 말이야"로 끝맺은 상사의 아무 말 대잔치도 마찬가지로 느껴졌다. 개입이 불가능한 영역을 기어이 찢고 들어오는 무기는 뒤틀린 형태의 가족주의였다.

무례함을 포장하는 도구가 되어 버린 '가족 같아서'라는 말. 사회에서 마주하는 인간관계를 죄다 가족 관계에 대입해 깜빡이도 없이 선을 훅 넘기보다는, 그냥 개인 대 개인으로 나란히 선을 지키며 안전거리를 유지하면 어떨까?

매일 같이 얼굴을 보고, 팀워크를 발휘해야 할 사이에 "선을 넘지 말자"는 말이 냉랭하게 들릴지도 모르겠다. 그러나 서로 간의 거리를 좁히고 친밀함을 키우는 방법에는 여러 가지가 있을 터. 성숙한 개개인이 같은 위치에 서서 다져 나가는 관계가 더욱 따스하고 건강할 수도 있다. 최소한, 억지 친밀감으로 만든 관계보다는 곪은 구석 없이 성할 것이라 생각한다.

웃지 못할 에피소드를 뒤로하고, 모니터 속 남자 친구는 어느새 남편이 되었다. "그 사건 기억해?" 하는 내 말에 남편은 이렇게 답했다.

"일본에 '말참견하려면 돈 내라'는 말이 있거든? 동료를 정말 동생으로 생각한다면 워커홀릭이 되어 기숙사에 들어가라고 할 게 아니라, 살고 싶은 곳에 살라고 돈이라도 보태 줘야 가족이야. 입으로만 가족 코스프레 하지 말고, 책임도 지라는 거지. 그러기 싫으면 동생이 아닌 동료로 대하는 게 맞고."

과한 개입이 피로를 부르고 부당한 갑질이 분노를 부르는 시대. 우리에게 필요한 것은 사이비 가족이 아니다. 나이가 많든 적든, 조직에 먼저 들어왔든 후에 들어왔든, 손님이든 직원이든, 성직자든 신도든, 상대를 '지켜야 할 선을 지닌 개인'으로 존중하는 마음이다.

05. 회사에 개인주의가 팽배한다면

회사는 하나, 입사 사유는 여럿

"안녕하세요, 홍보팀에서 근무하게 된 최민지입니다. 저는 통영에 있는 매장에서 1년 반 정도 일하다가 왔고요. 상반기 공채에도 지원했는데 떨어져서 이번에 재수했습니다. 여러분은 다 한 번 만에 들어오신 건가요? 능력자시네요. 참고로 제 별명은 최이슬인데요. 이슬처럼 아름다워서일까요? 예, 보시다시피 전혀 그렇지는 않고요. 밖에서 놀다가 새벽이슬 맞을 시간에 들어온다고 해서 아버지가 지어 주신 별명입니다. 같은 느낌의 별명으로 '신문이'가 있습니다. 신문이랑 같이 들어온다고요. 저는 회사 근처에 아는 친구나 가족이 전혀 없는데요, 가끔 이슬이랑 참이슬 마셔 주실 분이 계시면 친하게 지내 주시면 좋겠습니다."

신입사원 연수에서 패기 넘치는 자기소개가 끝나자, 동네에 친구도 가족도 없다는 이슬이의 안타까운 사연에 함께 참이슬을 마시겠다는 지원자가 속출했다.

잔을 부딪히며 첫 수다를 꺼내었다. 모두 내가 머나먼 땅끝에서 왔다는 것이 놀랍다 했다. 전산팀에 지원했다는 동기도 그중 하나였다.

"어쩌다가 통영에서 여기까지 왔어요? 군포에서 통영 가려면 고속버스터미널까지 가서 거기서 또 버스 타야 되지 않아요? 와, 집에 한 번 가기도 힘들겠다. 나는 이 회사가 집이랑 가까워서 왔거든요."

"집이랑 가까워서 왔다고요? 집이랑 얼마나 걸리는데요?"

"한 20분? 쭉 여기서 살아서 회사도 근처로 알아봤어요."

너도나도 '어쩌다 이 회사에 들어왔나'를 털어놓기 시작했다. 내가 입사한 사유는 이랬다.

"저는 일반 기업체보다는 사회적인 의미가 있는 곳에서 보람을 얻고 싶어서 진로를 NGO 쪽으로만 생각하고 있었는데, 졸업 무렵부터 매장에서 일해 보니까 여기도 시민이 주체가 되는 곳이라는 의미가 통하더라고요. 조합원들 참여가 많아서 조직도 웬만한 단체보다 활기 있고요. 그런 게 좋기도 했고, 월세랑 공과금 내고도 생활비가 남을 정도의 급여를 줘서요. 학생 때 일하던 단체는 급여만으로 생활을 하기는 힘들어서 다른 일을 병행했거든요."

요약하자면, 보람을 느낄 수 있으면서도 최소한의 생계비를 지급하기 때문이었다. 말이 끝나기 무섭게 떼창에 가까운 목소리가 들렸다.

"이 급여가 좋아서 왔다고요?"

저쪽에서 들려오는 차분한 말투가 모두를 진정시켰다.

"월급은 많을수록 좋겠지만, 사람에 따라 급여가 괜찮다고 생각할 수도 있어요. 저는 아이를 키우는데 재취업하려고 보니까 아이 엄마 받아 주는 곳이 너무 없는 거예요. 결혼하고 자녀가 있어도 서류에서 떨어뜨리지 않길래 면접까지 봤는데 채용이 됐어요. 사회생활을 한다는 거에 의미가 있는 거죠."

"저도 경력직이에요. 유통 업체에서 일하다 이직한 건데, 여기도 유통업의 일종이잖아요?"

"와, 그래도 다들 이유가 있네요. 저는 그냥 별

이유 없이 왔는데. 굳이 따지자면 대출금 갚아야 해서?”

생계를 꾸리기 위해서라는 가장 현실적이고도 공통적인 사유에 만장일치 공감이 터져 나왔다. 그러하다. 우리는 생활인. 모두가 자신의 쓰임을 찾고, 생활을 꾸려 나가기 위해 모였다는 것만은 확실했다. 그렇다 하더라도 같은 회사에 지원을 했다는 동일한 행동 뒤에 이렇게 다양한 동기가 있을 줄이야. 막연히 ‘나랑 비슷하겠지’ 넘겨짚은 생각은 오만이었다.

왜 이곳에 왔는지, 일을 통해 무엇을 얻으려 하는지, 어떤 것을 중요하게 생각하는지가 이토록 제가끔이라니. “이렇게 다른 동료들과 원활하게 협업할 수 있을까?” 골똘히 생각에 빠져들었다.

개인주의와 팀워크, 공존할 수 있을까?

지금까지 ‘서로 다른 사람이 모여 어떻게 협동할 수 있겠습니까?’라는 질문에 우리가 선택해 온 해법은 ‘단체 생활을 위해 개인을 내세우지 말고, 내 일과 남 일의 구분 없이 적극 발벗고 나서는 태도’였다. 팀워크는 우두머리를 중심으로 합심하고 똘똘 뭉쳐 공동의 성과를 이루는 모습으로 나타났다. 개인 생활을 더 희생해서라도 동료를 돕고, 퇴근 후에는 다 같이 모여 으쌰으쌰 회포 푸는 팀워크에 후한 점수를 매긴 것이다. 이런 환경에서 개인주의는 팀워크에 해가 되는 요소로 여겨졌다. “저 사람은 개인주의야” 하는 표현도 좋은 뜻으로 쓰일 리 없었다.

그러나 시대가 변했다. 팀워크의 정의를 다시 생각해야 하는 때가 온 것이다. 흔히 ‘요즘 것들’이라 불리는 MZ세대는 이전 세대보다 더 적극적인 ‘나다움’을 추구하며, 회사 안팎에서의 삶을 균형 있게 사는 것을 중요한 가치로 여긴다. 이런 개개인이 조직에서 공존하려면 입사 사유만큼이나 다양한 개성을 살리는, 개인을 중심으로 재편된 새로운 팀워크가 필요하다. 자리를 채우는 부품이 아니라 모두가 특별하고 고유한 개인으로 존재하기 위한 팀워크 말이다.

야근에 시달리는 동료가 있다고 가정해 보자. 지나온 관점에서 보면 내가 가정으로 돌아가는 시간이 늦어지더라도 동료의 업무를 거드는 것이 최선의 팀워크였으며, 자기 일이 끝났다 해서 곧장 자리를 뜨지 않고 주변을 살피는 사람이 좋은 동료로 평가받았다. 만약 그렇지 않은 이가 있으면 “저 사람은 개인주의가 심해서 큰일이야” 하며 혀를 차기도 했다.

국가와 조직, 가족을 앞세워 ‘뭉쳐야 산다’ 외치며 개인의 희생을 별 것 아닌 양 묵살해 왔던 폐해는 과로사, 저녁 없는 삶으로 이어졌다. 노동자의 당연한 권리 추구를 이기주의로 치부해 오던 분위기는 이제 그만 끝낼 때가 됐다.

개인이 중심이 된 팀워크라면 어떨까? 당장 오늘 저녁 업무를 거들어 주느냐 아니냐를 넘어 업무 분장에 문제는 없는지, 생산성을 위한 더 효율적인 방법은 없는지 등 더 근본적인 문제를 살피는 동료의식을 발휘할 수 있다. 조직 문화가 개인의 헌신을 당연시하지는 않은지 돌아보고, 근로자로서 누려야 할 권리를 함께 지킬 수도 있다.

단체 생활을 진정으로 잘하기 위해서는 낱낱의 사람이 있는 듯 없는 듯 숨죽일 일이 아니라 생기 있게 피어나야 한다. 각자가 원하는 일과 삶을 균형있게 만들어 가도록 돕는 팀워크. 서로의 권리를 보장하는 조직 문화를 만드는 데 앞장서는 것 또한 너와 나를 위하는 방법이다. 개인주의자에게는 팀워크가 없는 것이 아니라 발휘하는 팀워크의 종류가 다르다고 할까.

그러나 '나 하나만 편하면 된다'는 이기심마저 개인주의로 둔갑시킬 수는 없다. 동료가 개인주의자인지 이기적인지는 어떻게 구분할까? 본인 한 사람의 편의만을 생각하느냐, 다른 동료의 권리도 생각하느냐로 가늠할 수 있다.

어려운 상황 앞에 "제 살 길은 각자 찾고 알아서 살아남읍시다" 하는 각자도생에는 개인과 개인의 연대가 없다. 서로 다른 사람이 모여 협업하기 위한 기본적인 조건조차 충족되지 않는다.

동료가 곤란한 상황에 처했을 때 외면하거나 방관하지 않는다는 점에서 과거의 팀워크와 현재의 팀워크는 결을 같이 한다. 개인주의가 팽배해도 조직이 망가지지 않을 거라 생각하는 이유다.

귀갓길 참이슬은 마시고 싶은 사람들끼리

대중교통 노선이 꼬여 몇 달을 고민하다 차를 산 동료가 있었다. 그가 부서에서 가장 처음으로 들은 말은 "그 연차에 벌써 차 샀어? 나 같으면 차라리 적금 하나 더 들겠다"였다. 부모님도 하지 않는 씀씀이 타박을 들었다며 그는 씁쓸하게 웃었다. 신기하게도 나도 같은 듯 다른 소리를 들은 적이 있다.

"자기는 언제까지 뚜벅이 생활할 거야? 나 같으면 차 한 대 뽑겠다."

빨간 바지를 입고 온 남자 직원을 두고는 한층 노골적인 수군거림이 돌기도 했다.

"회사에 패션쇼 하러 오는 건 아니겠지? 나 같

으면 튀는 옷은 안 입겠다."

빨간 바지 입은 자는 남에게 "너도 빨간색 입어라" 하지 않는데, 어찌하여 무채색들은 빨간색을 그냥 두고 보지 못하는 걸까. 회사 정책은 까다로운 복장 규정 없이 자유로운 복식을 권장하는데도 말이다. 비공식적으로 통용되는 이런 시각 때문에 모두가 무채색 카멜레온이 되면 어떡하나 걱정스러울 정도였다.

그중에는 이런 동료도 있었다. 사내에서의 인간관계를 너무나도 중시한 나머지 다른 사람도 이를 가장 최상위 가치에 두어야 한다 믿는 사람이다. 회사를 선택한 이유가 제각각이듯, 각자가 생각하는 '동료들 간의 적정 친밀도'도 다르게 마련이다. "나는 퇴근 후에 진짜 인간관계가 시작된다고 생각하는데, 너는 왜 퇴근만 하면 집에 가려고 하냐? 마누라가 그렇게 좋냐?"가 통하지 않는 이유다. 귀갓길 참이슬은, 마시고 싶은 사람끼리 마시면 된다.

'나 같으면'이라는 기준은 오직 나라는 개인에게만 적용할 수 있는 것이다. 가족 혹은 배우자라 하더라도 세상에 나와 같은 사람은 없고, 하물며 동료라는 이름으로 살아가는 사람들이 나 같기를 바랄 수도 없다.

반드시 '나'를 투사하고 싶다면, "나라도 그랬겠다" 정도는 괜찮을 수 있겠다. "내가 너라도 가장 편한 출퇴근 방법을 찾을 것 같아", "내가 너라도 좋아하는 옷 입고 일하고 싶을 것 같아"처럼.

"그래도 회사는 여러 사람이 모인 곳이니까 다른 사람들하고 최대한 맞추어야 되지 않을까?" 하는 생각도 해 보긴 했다. 여기에 대한 결론은, 동료를 비롯한 사회적 관계에는 '맞추지 않아도 괜찮은 것'과 '맞추어야 하는 것'이 있다는 거다.

맞추지 않아도 괜찮은 것은 개인의 영역이다. 출퇴근을 걸어서 할 것인가 대중교통으로 할 것인가 자차로 할 것인가에 대한 선택. 급여를 받아서 어디에 우선적으로 쓸 것인가에 대한 선택. 무슨 옷을 입을 것인가에 대한 선택. 하루 대다수의 시간을 같이 보내는 사이라 해서 넘볼 수 없는 영역이다. 너무나 당연한 이야기임에도, 꼭 지켜야 할 선이 무너지고 침범되는 현실이 씁쓸하다. 이런 일이 비일비재하게 일어나지 않게 기본을 지킬 필요가 있다.

맞추어야 하는 것은 '좋은 조력자가 되기 위한 최선'이다. 동료가 내 의사소통 방법을 불편해하면 조금 바꿔 볼 수 있다. 의사결정 과정에 문제가 있어 보인다고 하면 "그러면 어떻게 하면 좋겠니?" 하고 새로운 방안을 물을 수도 있다. 일을 처리하는 방법이 서로 달라 난처하면 "어떻게 협업하면 좋을까?"를 토의해 볼 수도 있다. 함께 일하기 위해 반드시 조율해야 하는 영역이다.

직장에서의 개인주의는 최소한으로 일하고 급여만 쏙 챙기는 월급루팡을 말하지 않는다. 자기 일만 하고 다른 동료에게는 도움을 주지 않는 냉랭함을 뜻하지도 않는다. 일 외의 사적인 대화를 칼같이 끊고 남남처럼 지내자는 것도 아니다.

동료들이 저마다의 이유와 목적에 끌려 이곳에 왔음을 헤아리고, 너와 나의 목적을 성공적으로 이룰 수 있도록 돕는 관계. 네가 나와 같지 않음을 알고, 각자의 개성으로 조직에 이바지하리라 믿는 관계. 그런 관계를 만들 수 있는 방법은 다른 동료를 나만큼 중한 존재로 여기는 개인주의에 있다.

06. 개인, 고유한 모양새를 지닌 한 조각의 퍼즐

당신은 누구입니까?

지금보다 객기는 충만하고 생각은 말랑말랑하던 대학생 때. 이집트로 한 달간 배낭여행을 간 적이 있다. 혼자 가는 여행이었고, 해가 지면 숙소 밖으로 나가지 않을 요량이었기에 최대한 두꺼운 책 한 권을 챙겨 가기로 했다. 초보라 몰랐다. 배낭여행에는 가벼운 책이 최고라는 걸. 하드커버 양장본을 넣어 가면 길바닥에 배낭을 버리고 도주하고 싶어진다는 걸.

그럼에도 그 책을 갖고 간 건 굉장히 훌륭한 결정이었는데, 책에 담긴 질문이 오래도록 천천히 곱씹을 만한 생각거리를 던져 주었기 때문이다.

당신은 누구입니까?
당신의 이름이 당신입니까?
만약 당신이 다른 이름을 사용하면, 그럼 당신이 아닙니까?
당신의 직업이 당신입니까?
직장과 직위가 당신인가요?
그러면 당신이 다른 직업을 가진다면 당신이 아닙니까?
당신은 누구입니까?
부모님의 딸, 혹은 아들, 한 여자의 남편, 혹은 한 남자의 아내.
아이들의 아빠 혹은 엄마, 그것이 당신입니까?
당신은 지금까지 누구의 가족으로, 어떤 역할로 살아왔습니까?
그 역할이 당신입니까?
당신의 몸이 당신입니까?
어떤 얼굴에 몇 킬로그램의 몸무게에 몇 센티미터의 키. 그것이 당신입니까?
그렇다면 당신이 만약 온몸에 화상을 입거나
어떤 장애를 갖게 된다면 더 이상 당신이 아닙니까?
당신의 소유가 당신입니까?
돈, 집, 차, 명품, 그것이 당신입니까?

당신의 마음이 당신입니까? 어떤 마음이
당신입니까?
오늘은 이런 마음이고. 내일은 저런 마음인데.
어떤 마음이 진짜 당신입니까?
당신은 누구입니까?
당신이 하고 있는 '생각'이 당신입니까?
생각이란 오고 가는 것인데 무엇이 당신
생각입니까?
당신은 이 질문에 대답해야만 합니다.
당신은 진정 누구입니까?

– 오제은, 〈오제은 교수의 자기 사랑 노트〉 90쪽, 샨티, 2009

책은 자꾸만 '너는 누구냐?' 하고 묻고 있었다. 오직 나만이 답할 수 있는 문제인데도 선뜻 입을 열기 어려웠다. '나'라고 하는 한 개인이 누구인지 알기 위해서는 먼저 어떤 것을 좋아하고 싫어하는지, 무엇이 행복이고 불행인지, 살아가면서 타협할 수 있는 것과 없는 것은 뭔지를 생각해야 했다.

그렇게 마음의 먼지를 털고, 형체를 더듬어가며 파악한 '나'라는 사람은 이랬다. 나는 1%와 99%로 양분된 세상에서 1%에 속하는 것을 목표로 삼고 달리기보다는, 99%의 사람들과 함께 행복하기 위한 방법을 찾으며 살고 싶다. 더불어 살아가는 의미와 사회적 가치를 추구하는 과정에서 보람을 느끼고, 그것을 다른 누군가와 공유하고 싶다. 다수의 사람과 왁자지껄 교류하기보다는 소수의 사람과 속 깊은 이야기를 나눌 때 마음이 편안하고, 모두가 숨 가쁘게 질주하는 8차선 대로가 아닌 작은 오솔길이라도 자신만의 길을 가는 사람을 볼 때 가장 설렌다.

나를 알고 너를 아는 것이 관계의 시작

스스로가 어떤 사람인지, 삶의 목표는 무엇이고 어디에 가치를 두고 있는지 객관적으로 판단하고 나니 주변 사람들도 입체적으로 보이기 시작했다. 사회적인 지위나 가족 안에서의 역할은 그 사람이 누구이며 무엇을 위해 사는 사람인지를 충분히 설명하지 못할 때가 많다. 직업이나 직장에서의 직위, 딸, 아들, 남편, 아내, 아빠, 엄마와 같은 역할의 틀 안에는 고유한 소망과 행복을 지닌 개인이 있는데 말이다.

내가 성장한 가정을 예로 들자면 사람들 사이에서 부대낄 때 살아 있음을 느끼는 마당발 아빠, 인맥을 넓히기보다는 혼자 배우고 싶은 걸 배우며 에너지를 얻는 엄마, 하고 싶은 것이 많아 이 일 저 일을 곧잘 벌이는 나, 그런 나와는 반대로 신중하고 조용하게 사는 게 좋은 동생으로 구성되어 있다. 가족이라 해도 생김새와 성격이 제각각인 것처럼 행복을 얻는 방법, 삶의 방식과 목표도 각기 다르다.

그럼에도 우리는 남도 나와 같다고 생각해 서로를 깊이 있게 이해하지 못할 때가 많다. 때로는 원하는 방향이 달라 부딪히기도 하고, 역할의 의무를 앞세우며 개인을 거세하기도 한다. 흔히 말하는 '생계를 책임지는 아버지', '알뜰살뜰 살림을 꾸려 나가는 자상한 어머니' 또는 '살림 밑천 장녀', '믿음직한 장남'과 같은 고정된 역할을 강요하는 것이다. 역할이라는 완장에 머물던 시선을 개인의 성장 배경, 타고난 기질, 고유한 성격, 중요시하는 가치로 넓히면 한 사람을 이해하는 폭이 달라진다.

나와는 매우 다른 마당발 아빠는 대가족에서 막내로 자라 다수의 사람과 밀접하게 접촉하는 데 익숙하고, 다양한 사람과의 네트워크를 통해 존재감을 확인한다. 자신의 인맥을 활용해 사람과 사람을 연결하는 것도 큰 즐거움이다. 대외적인 체면을 중요하게 생각해서인지 사회의 번듯한 자리에 있는 사람을 높이 사며, 아들딸도 그런 자리에 올라 안정적으로 살기를 바랐다.

인정과 안정이 최우선의 가치는 아닌 내게 아

빠의 기대가 뜬금없는 날벼락 같을 때가 있었다. 그러나 아빠가 자식도 부모 얼굴의 일부인 환경에서 살아 왔다는 사실을 떠올리면 왜 그런 기대를 하는지 정도는 이해가 됐다. 또 내가 혼자만의 시간이 필요한 내향적 성향인 반면 아빠는 친구들과 주변 사람과의 관계가 중요한 외향적인 성향이며, 때문에 주변 사람들 속에서의 위신이 무시할 수 없는 가치란 사실을 알자 "그 기대에 내가 부응을 해야 해?" 하며 감정 상하기 전에 설득과 타협의 과정에 집중할 수 있었다.

아빠도 마찬가지였던 것 같다. "넌 하고 싶은 거 하며 살아갈 성격이지" 툭 던지는 말에 본인 기대와는 다른 딸에 대한 이해가 담겨 있었다. 아빠가 역할에 충실한 나머지 딸자식 관리 잘하는 엄한 아버지가 되려고 했다면 어땠을까? 친구와 놀다 늦게 들어오는 나를 통제하기 위해 외출을 금지하거나 통금시간을 만들었을 테다. 하지만 "이제 오냐? 너는 새벽이슬 생길 때 들어오니까 최이슬이다" 하고 농담하듯 넘어간 것은 본인의 딸이면서도 본인 맘갈지 않은 '최민지'를 이해하고 있기 때문이요, 본인 스스로가 '여러 사람과 안면을 트고 활발하게 교류하는 사교성'을 값지게 여기는 사람이기 때문이었다.

나와 관계 맺고 있는 사람의 성향이 어떠한지, 추구하는 삶의 우선순위가 무엇인지를 살피면 서로 간에 잘 맞는 부분과 부딪히는 부분이 왜 생겨나는지를 파악할 수 있다. "가족이 뭐 그래?" 하기 전에 그 사람의 생각과 행동이 나온 뿌리를 이해하게 되는 것이다. 아빠가 나를 인정하고, 원하는 방법대로 살게 한 것도 같은 이유 아닐까.

진정한 관계 맺기란 타인에게 내 기준을 들이대지 않는 것을 넘어 상대방이 어떤 사람인지에 진심으로 관심을 갖고 귀를 기울이는 데서 시작한다. 나를 알고 너를 알아야지만 보다 깊이 있는 개인 대 개인의 관계가 시작된다.

개인과 개인을 연결하는 이음새

우리 모두는 동일한 크기와 고유한 생김새를 간직한 퍼즐 조각과 같다. '윗사람'이라 해서 특별히 크지 않고, '아랫사람'이라 해서 특별히 작지 않은, 올록볼록 튀어나온 부분도 움푹 팬 부분도 제각각 다른 개성 있는 퍼즐. 살아가면서 가족이나 친구, 이웃과 관계를 맺는 것은 바로 그 퍼즐 조각과 조각을 하나씩 이어 붙이는 과정이 아닐까.

퍼즐과 퍼즐의 접점을 찾으려면 내 생김새와 네

생김새 모두를 알아야 한다. 가장 좋은 건, 서로가 생긴 모양 그대로를 유지하면서 각자의 요철을 메꾸어 줄 수 있는 관계다.

반드시 연결되고 싶은 사람이 있지만 도무지 아귀가 맞을 것 같지 않다면? 서로의 고유한 모습을 해치지 않는 범위 안에서 이리저리 방향 정도는 틀어볼 수는 있지 않을까.

그렇다고 해서 세상에 존재하는 모든 퍼즐 조각과 꼭 맞아떨어질 필요는 없다. 도무지 연결고리가 없을 것 같은 그 퍼즐과 내 퍼즐 사이에는 다른 연결점이 있게 마련이고, 그런 연결이 하나둘씩 모여 만들어지는 것이 친구이자 가족, 공동체와 사회가 아닐까. 건너 건너서라도 연결된 퍼즐 조각들이 크고 조화로운 그림을 완성한다면 그 역시 좋은 관계라고 믿는다.

다른 퍼즐을 보고 “너 이렇게 생겼어야지, 왜 그렇게 생겼어?” 하고 모난 돌 취급해서도 곤란하다. 우리에게 필요한 것은 여러 생김새를 수용할 수 있는 관용이다. 나와 직접적인 연결점을 발견하지 못하더라도, 서로가 동등한 크기와 가치를 지녔으며 모양쯤은 다를 수 있다는 것을 인지한다면 우리는 서로를 존중하고 존중받으며 공생할 수 있다.

그러니 다른 사람의 고유한 생김새를 바꾸려 하거나, 네모반듯하게 잘라 내며 획일화하려 들지 않으면 좋겠다. 서로의 생김새를 자로 잰 듯한 틀 안에 끼워 맞추면 모두가 편할 것 같지만, 결국 누구도 생긴 대로 살지 못한다. 그 틀이란 가족 안에서 기대하는 전형적인 역할일지도, 집단의 질서라 믿었던 암묵적인 규칙일지도, 특정한 직업이나 지위에 대한 편견일지도 모르겠다.

어쨌든, 나라는 개인이 누구이며 어떤 모습을 한 퍼즐 조각인지 생각할 수 있다는 것은 지금 시대에 태어났기에 누릴 수 있는 특권이다. 개인이라는 개념이 없던 시대에 살았다면 어땠을까. 헌터 혹은 테일러라는 성씨와 직업이, 왕 혹은 노비라는 타고난 혈통이, 남성 혹은 여성이라는 이분법적 성별이 개인의 정체성인 시대였다면 우리에게 "당신은 누구입니까?"라는 질문이 주어지는 일은 없었을 것이다. 각자의 정체성을 스스로 고민하고 답하기도 전에 다른 무언가로 규정되고 말았을 테니까. 그러므로 이 질문들은, 매우 기쁜 마음으로 가열하게 고민하고 답해야 하는 것들이다.

나는 무엇을 할 때 가장 생기 있는 모습이 되는가? 살아가면서 꼭 지키고 싶은 가치가 있는가? 누구와 어떤 가치를 공유할 때 가장 행복한가? 내가 타인과 관계 맺기 위해 어떤 역할을 감수할 수 있다면 그 역할은 무엇이며, 어디까지인가? 가까운 이들에게 반드시 배려받고 싶은 부분이 있다면 무엇인가?

개인과 개인이 친구, 연인, 동료, 혹은 가족이 되기 위해 스스로에게 꼭 물어야 하는 것들. 누구나 한 번쯤은, 진득하게 눌어붙어 생각해 볼 만하다.

2장
개인이 이룬 가족, 사회

07. 제가 국적과 나이 차이를 극복하고 결혼했다고요?

입학하자마자 교무실 호출이라니

고등학교 1학년 교실. 빳빳하게 먹인 풀이 채 풀리지 않은 새 교복을 입은 내게 모르는 선배가 찾아왔다.

"니가 최민지가? 교무실에서 환경쌤이 기다리시는데. 지금 바로 교무실 가라."

교무실에서, 그것도 알지도 못하는 선생님의 호출은 좋은 징조가 아니었다. 선배의 통보에 눈을 동그랗게 뜨는 사이 머릿속이 빠르게 돌아갔다. '왜 부르시지? 뭔가 잘못한 게 있나? 어디서 사고를 쳤던가? 그냥 모른 척할까?'

그렇다. 나는 그 시절부터 쫄보였던 것이다. '집

에 가고 싶다'는 말을 수십 번 되뇌면서도 실내화를 신은 발은 교무실로 향했다. 선생님이 부르는데 안 갈 용기가 없었다.

벌겋게 긴장한 얼굴로 교무실에 들어섰다. 눈두덩이가 파르르 떨렸다. 물어물어 선생님을 찾아가 보니, 언니라고 불러야 할 정도로 젊은 사람이 기다리고 있었다.

"네가 민지야? 얼마 전에 시청 홈페이지에 쓴 글 읽고 불렀어."

맙소사. 인터넷에 글을 함부로 싸지르면 교무실에 불려 간다는 사실을 똑똑히 배웠다.

키보드 워리어의 최후

발단은 2002년. 통영이 들썩였다. 언제까지 이렇게 변방에서 살아가야 하냐는 외침이 온 마을을 흔들었다. 미륵산에 케이블카를 설치하면 지역 경제가 좋아지고 지역이 번영할 것이라는 이야기였다. 산에 기둥을 꽂고 케이블카를 세워 관광객을 유치해야 한다고 했다.

중학생이던 나는 치기가 올랐다. 여행자의 발걸음을 끌어당기는 방법은 여러 가지가 있을 터, 반드시 그 방법으로 사람들을 불러 모아야 하느냐는 생각이 들었다.

더 어이가 없는 것은, 이런 중요한 사안을 결정하는 데에 있어서 미래 세대인 우리 의견은 아무도 묻지 않았다는 점이었다. 높으신 어른들끼리 모여서 북 치고 장구 치고 하다가 결론 내고 말았다.

교과서에는 분명 '자연은 미래에서 빌려 온 것입니다. 우리는 자연을 잠깐 사용하고, 다음 세대에게 돌려주어야 합니다'라고 적혀 있었다. 교과서 공부해 시험 치면 뭐 하나. 뻥인데. 모든 걸 이렇게 어른들 마음대로 결정할 거면 입바른 말을 하지도, 허울뿐인 거짓을 암기하라 하지도 않았으면 했다.

청소년이지만 시민의 한 사람으로서 그런 이야기를 시청 홈페이지에 게재했고, 곧이어 댓글이 주렁주렁 달렸다. 풍년이 따로 없었다.

"386세대인 거 다 안다. 학생인 척하지 마라. 이름이랑 소속 밝히고 정정당당하게 말해라."

386세대? 뭔 뜻인지는 알 수 없었지만, 학생인 척 말라는 말에 그만 욱하고 말았다. 그의 덫에 휘말렸다.

"저 최민지라고 하는데요? 내년에 여고 진학하는데요? 학생 맞거든요? 그러는 그쪽은 이름이 뭔데요?"

키보드 워리어들의 배틀. 나는 이름과 소속을 깠는데, 그 사람은 답이 없었다. 쳇, 치사했다. 댓글 싸움은 더이상 이어지지 않았고, 그 일을 까맣게 잊어버렸다. 그런데 이 사건을 지켜본 누군가가 있었다니! 그것도 새 학교의 선생님이라니! 아, 당장이라도 집에 가고 싶었다. 아니, 전학이라도 가고 싶었다.

무슨 말이 떨어질까 한껏 쪼그라든 어깨를 감싼 것은 따뜻한 목소리였다.

“너 환경 동아리 만들어 보는 거 어때? 친구들 모아서 같이 활동하면 좋을 것 같은데.”

어찌 된 영문인지 선생님은 키보드 워리어를 나무라지 않았다. 떨리던 근육이 서서히 이완됐다. 알고 보니 그분은 ‘환경’이라는 교과목을 담당하는 환경 교사였다. 재미있는 제안을 받은 나는 환경 동아리를 만들었다. 입시를 위해 기획된 경험이 아니었다. 나도, 선생님도, 친구들도 그 활동에 진심이었다.

시간이 흘러 혈기왕성한 키보드 워리어를 기억하는 친구들은 묻는다.

“케이블카 완전 성공했던데? 니가 틀렸다고 생각 안 하나?”

내 생각은 달라지지 않았다. 통영 케이블카의

인기가 높아진 후, 많은 지자체에서 너도나도 케이블카를 놓겠다고 나섰다. 모두가 성공했느냐 하면 그렇지 않다. 산에는 구멍이, 재정에는 적자가 났다. 토목 만능주의적 사고는 우리의 여행 문화를 무르익게 하는 데에도, 각 지역이 고유한 다양성을 갖고 성장하는 데에도 도움이 되지 못했다.

지역사회는 그 후로도 만사를 비슷한 방법으로 해결하려 했다. 선거철마다 무슨무슨 공사를 해서 이런저런 시설을 놓으면 관광객이 밀려들 것이라는 주장이 쏟아져 나왔다. 그 너머의 대안을 생각하지 않는 것이 실망스러웠다. 그러거나 말거나, 나는 통영에 갈 때면 여전히 걸어서 미륵산을 올랐다. 해답이 '오래된 미래'라고 믿어서였다.

만나야 할 사람을 만났다

그로부터 정확히 10년이 흐른 2012년. 인생에 새로운 인물이 등장했다. 뉘신지는 모르겠으나 호감형 인상이 참으로 훈훈하여 첫눈에 반하고 말았다. 앞으로도 쭉 내 일상에 출연해 줬으면 좋겠다는 욕심이 피어났다.

뭐 하는 사람인지 궁금했다. 그에게 물었다. 너는 어떤 걸 공부했고, 무슨 일을 하느냐고. 그는 말했다.

“내 전공은 에코 투어리즘이야. 뉴질랜드는 자연이 정말 아름다운 나라거든? 그 나라에서 생태 관광을 공부했어.”

생태 관광이라고? 내가 자란 세계에서는 등한시되던 것을 공부한 사람. 그가 입을 열면 열수록 나는 놀라서 입을 다물지 못했다.

“지금은 여행업을 준비하는 형을 돕고 있어. 인도네시아에 가면 발리 근처에 길리라고 하는 섬이 있는데, 그 섬은 아주 작아서 화석연료를 내뿜는 교통수단이 없어. 사람들은 자전거를 타거나 말의 도움을 받아. 거기서 ‘오래된 마을’이라는 이름의 숙소를 열 거야.”

얼마 후 탄생한 ‘오래된 마을’은 말하자면 자연과 사람에 대한 애정이 담긴 곳이었다. 일단 숙소에 담과 대문이 없었다. 울타리와 울타리 사이가 뚫려 있었다. 동네 사람들은 숙소 앞마당을 지름길 삼아 지나다녔다. 담이 높았다면 그 담을 둘러 둘러 돌아가야 했겠지만, 사람들은 여행자 숙소가 생겼다 해서 집으로 가는 길을 빼앗기지 않았다.

대문이 없으니 꼬마들이 곤충을 잡으러 들어왔다. 나무 아래는 길고양이들의 영역이었다. 하다 하다 동네 닭도 드나들었다. 닭들은 마음이 내킬 때마다 날개를 푸드덕 흔들어 지붕 위로 날아가는 장기자랑을 펼쳤다.

꼬마들이 뛰어놀고 닭이 날아다니는 숙소라니. 모던함이나 럭셔리와는 거리가 멀었다. 건물도 그러했다. SNS에서 유행하는 현대 스타일을 베껴 옮기지 않았다. 대신, 길리 사람들이 옛날부터 살아오던 주거 형태를 고스란히 재현하려 애썼다.

외양만 엇비슷하게 갖추려는 것이 아니었다. 몇 년간 발리와 롬복을 돌며 가장 튼튼하고 아름다운 나무 자재를 골라 뼈대를 세웠다. 그런 다음 자연에서 얻은 재료로 벽을 만들고 지붕을 얹었다.

"불편한 여행일지도 모르는데, 이런 환경을 감수하는 사람이 있을까?"

내 우려와 달리 비슷한 생각을 가진 여행자들이 찾아들었다. 이들은 마을 주민과 어린이, 동물을 섬의 터줏대감으로 존중했다. 길리를 여행자의 구미에 맞게 바꾸려고도 하지 않았다. 어떻게 하면 더 조화로운 여행을 만들 수 있을까를 고민하는 사람들의 공간이었다.

이런 것을 지향하는 사람이라니! 그의 가치관과 세계관은 나와 꼭 닮아 있었다. 그 사람도 같은 생각을 한 것 같았다.

"영화 슬럼독 밀리어네어를 보면, 주인공이 살아온 인생의 순간순간이 퀴즈의 정답을 알려 주잖아? 네가 정답이라는 걸 내 인생 전부가 말해 주고 있는 것 같아."

내 말이요! 이야기를 나누면 나눌수록 이 사람은 진짜 내 꺼란 생각이 들었다. 그의 나이가 나보다 열네 살이 많다는 것, 국적이 일본이라는 것은 아무런 문제가 되지 않았다.

저는 아무것도 극복하지 않았습니다

한 사람을 장식하는 표면적인 요소를 걷어내고 개인 대 개인으로서 이야기를 나누었을 때, 이보다 완벽한 대화 상대는 없었다.

어느덧 결혼 8년 차에 접어든 지금도 마찬가지다. 나는 남편이 무슨 말만 하면 왼손으로 입을 가리고 웃고, 오른손으로 그의 어깨를 때린다. 강한 공감을 어찌 표현해야 할지 알지 못해 부득이하게 폭력(?)을 행사하게 된다.

얼굴을 보고 매일매일 이야기를 나누는데도 할 말이 많다. 밤새 아이가 깨지 않도록 속삭이며 수다 떨다 새벽을 맞는 일은 흔한 일상이다.

이런 사정을 모르는 사람들은 말한다.

"남편이 돈이 많나 봐요. 나이 차이 나는 결혼이 그렇죠 뭐. 현실적인 선택을 했네요."

남편이 부자가 아니라고 하면 철없는 나를 걱정하는 눈치다.

"친구들이 도시락 싸들고 다니며 말리지 않았어요? 젊은 아가씨가 어쩌다…."

정말 좋은 사람이어서 결혼했다고 하면 이렇게들 말한다.

"사랑엔 국경도 나이도 없다더니. 다 극복했네요."

악의로 하는 말이 아니라는 것을 알기에 "그런 셈이죠" 하고 가볍게 답하고 만다. 그렇지만 이 관용구 자체에 대한 의문이 가시지 않는다. '극복'은 악조건이나 고생 따위를 이겨 낸다는 뜻이다. 하지만 나는 아무런 악조건이나 고생을 이겨 내지 않았다. 그저 외모가 내 취향이고, 대화가 물 흐르듯 통하는 한 개인을 만나 기쁜 마음으로 결혼했을 뿐이다.

이런 표현은 장애를 가진 사람에게도 무심코 쓰인다. 장애인이 어떠한 성취를 이루거나 결혼을 할 때면 '장애를 극복하고'라는 말이 자연스러운 접미사처럼 따라붙는다. 그저 차이이자 다름일 뿐인 누군가의 특징이 극복해야 하는 부정적 요소로 여겨지는 것이다.

국적, 나이, 장애가 관계의 악조건이자 고생이라는 판단은 '일반적인 배우자상'이라는 집단 통념에 근거한 생각이다. 여기에는 '일반적인 선택을 해도 힘든 것이 결혼이니, 흔치 않은 선택을 하면 더 힘들 것'이라는 지레짐작이 녹아 있다.

일반적이지 않아도 괜찮습니다

배우자를 선택하는 것은 직업을 고르는 것과 닮았다. 흔히 좋다고 알려진 직업이라 하더라도 개인의 적성과 맞지 않으면 일은 고역이 되고 만다. 반대로, 주로 선호하는 직업이 아니라도 개인의 적성에 맞다면 그 일은 평생 함께할 천직이 된다.

배우자를 고르는 기준도 마찬가지다. '일반(一般)적'이기보다는 '개인(個人)적'이어야 한다. 진로나 결혼 같은 큰 문제일수록 어떤 선택을 해야 할지 몰라 두려운 마음이 드는 것은 당연한 일이다. 그럴 때 우리는 끊임없이 남에게 질문을 던진다.

"이 직업을 선택하면 행복하게 살 수 있을까?"

"이 사람이랑 결혼하면 내가 잘 살 수 있을까?"

일반적인 선택에 기대면 안전함을 얻으리라는

마음에서 나오는 질문이다. 하지만 중요한 결정일수록 남이 아닌 나에게 물어야 한다. 우리는 서로 다른 가치를 지닌 개별적 존재이기 때문이다. 내 기준에 따른, 나를 위한 판단은 오직 나만이 할 수 있다.

개인적 기준에 기반한 개인적 선택을 한 나는 충분히 행복한 결혼 생활을 하고 있다. 이 선택을 일반적인 통념으로 검열하지 않고, 진심으로 지지해 준 친구와 가족에게도 마음 깊이 고마움을 느낀다. 그리고 생각한다. 정말로 극복해야 하는 것은 국적이나 나이가 아닌, 개인의 선택에 대한 집단적 편견인지도 모르겠다고.

08. 개인플레이를 좋아하는 두 사람이 결혼했을 때

떠나지 못한 자전거 여행

교복을 졸업하고 사복 시대로 접어들 무렵 남자 친구가 생겼다. 첫 해외여행을 가기 위한 아르바이트로 빵 팔다 만난 오빠였다. 방목형 가정에서 자란 나와 달리 그는 여섯 번 딸을 낳은 끝에 얻은 귀한 막내아들이었다. 언제나 누군가의 돌봄과 보살핌을 받았고, 다른 사람이 자신의 삶에 관심 갖는 것을 사랑의 증표로 받아들이는 사람이었다.

서로의 차이마저도 재밌게 느껴지는 기간은 짧았다. 여름방학이 되자 사건이 터졌다. 나는 아르바이트를 하다 며칠 휴가를 받아 자전거 여행을 갈 생각이었다. 반면, 그는 동창들과 함께 바다로 펜션 여행을 가고 싶어 했다.

“잘 됐네? 나는 자전거 여행 가고 오빠는 펜션 가면 되겠다.”

굳어 가는 표정. 그는 내 말이 농담인줄로만 알았다고 했다.

“오빠도 알잖아, 나 휴가 길게 못 쓰는 거. 자전거 여행이랑 펜션 여행 둘 다 가는 건 안 돼.”

내 항변에 돌아온 것은 ‘연인의 의무’가 얼마나 중요한지에 대한 일장연설. 여자 친구가 된 이상 따로 노는 ‘개인플레이’는 허락할 수 없으니, 나도 펜션에 가야 한다는 것이었다!

친구들은 다 여자 데리고 오는데 저만 혼자 가면 어떡하냐, 남자 친구 체면은 생각도 안 하냐는 그의 말에 나는 결국 졌다. 자전거 페달을 밟으며 여름 바람을 느끼는 대신 펜션에 가서 언니 오빠들을 위해 고기를 굽고 빨래를 했다. 아르바이트는 시급이라도 주지, 이건 돈도 안 나오는 ‘막내 노동’이었다.

이대로 가면 겨울에 예정된 첫 해외여행도 반대에 부딪힐 것 같았다. 훗날, 노년을 맞은 내가 스무 살을 돌아보았을 때 무엇을 더 후회할지 생각했다. 여행을 가지 않은 것은 확실히 후회될 만한 일이었다. 펜션에서 고기 굽는 일은? 해도 그만 안 해도 그만이었다.

나는 누구와 연애하는 걸까

그 후로도 '개인플레이'가 일절 보장되지 않는 사건을 겪으며 이별을 결심했고, 헤어짐을 통보했다. 그러자 그의 누나들에게 전화가 왔다. 받지 않자, 문자가 왔다.

"남의 집 귀한 자식 울렸으니 니 눈에도 피눈물 날 거다. 앞으로 우리 애한테 절대로 연락하지 마."

'우리 애'라는 단어에 식겁했다. 나야말로 더 이상 연락하고 싶지 않았다. 연락을 너무 안 해도 문제가 되는 걸까? 이번엔 그의 친구가 강의실 앞으로 찾아왔다.

"원래 헤어졌다 만났다 하면서 끝까지 가는 거야. 못 이기는 척하고 다시 연락해서 잘 해 봐."

"제 마음대로 할 수 있는 게 없는데 어떻게 계속 만나요?"

그의 친구는 버럭 목소리를 높였다.

"그렇게 니 마음대로만 하고 싶으면 앞으로 평생 혼자 살든가."

이 사건을 통해 알았다. 누군가에게 연애 또는

결혼이란 사적이거나 개인적인 일이 아닐 수도 있다는 것을. 온 동네 친구와 누나들이 들이닥칠 수도 있는 영역이라는 것이 실로 놀라워서, 자꾸만 뒷걸음질을 치게 되었다.

며칠 후. 변심한 여자 친구 달래기에 친구 찬스, 누나 찬스가 통하지 않는다는 걸 깨달은 그에게 전화가 왔다.

"내 여자 동창들은 남자 친구가 집착을 해 줘야 사랑을 느낀다는데, 넌 왜 안 그래?"

그의 전화를 받으며 생각했다. 연인인 두 사람 사이에서도 '적절한 거리'에 대한 생각이 다를 수는 있겠다고. 그렇다고 해서 애정과 집착을 구분하지 못하는 그의 행동을 이해해 줄 생각은 없지만 말이다. 애정과 집착은 반드시 구분되어야 하며, 타인과의 비교 대상이 될 수 없다. 집착을 원치 않는 상대의 의사가 존중되어야 하는 것은 물론이다.

나의 감정만큼이나 너의 감정도 중요하다는 것을 알고 내 식대로 밀어붙이지 않는 태도. 그 태도가 있어야지만 연애를 하며 겪는 수많은 차이를 조율해 나갈 수 있지 않을까. 관계에 대한 관점, 나아가 세상을 바라보는 관점이 다를 때 어떻게 행동하고 소통하는지에 따라 연인 관계는 지속될 수도, 그렇지 않을 수도 있다.

한 후배가 내게 연애상담을 한 적이 있다.

"남자 친구가 개인주의자라서 자기 시간과 공간이 너무 확실해. 내가 들어갈 틈이 없어. 많이 만나고, 자주 연락하는 게 연애 아니야? 이럴 거면 왜 나랑 사귀는지 모르겠어."

후배가 느끼는 서운함이 고스란히 전해지면서도 한편으론 남자 친구라는 사람의 마음도 이해할 수 있을 것 같았다. 서로 간의 강한 밀착과 경계 없음을 사랑이라 느끼고 감동하는 사람이 있다면, 부담스럽게 느끼고 밀어내는 사람도 있다. 나는 경계가 없는 것을 힘겨워하는 쪽이다.

나와 헤어졌던 그 남자 친구가 자신과 똑같은 타입의 여자 친구를 만났다면? 친구나 가족을 소개하고 소개받는 것이 관계를 공식적으로 인정받는 과정이라 생각했을지도 모른다. 친구들과 다 함께 여행을 가는 것이 둘 사이를 더욱 견고하고 단단하게 다지는 경험이라 생각했을 수도 있다.

일련의 사건을 겪으며 어슴푸레 알게 됐다. '나한테는 서로의 영역을 존중해 주는 관계가 필요하겠구나.'

나와 같은 사람이 자신의 시간과 영역을 고수하

는 것은 연인과의 관계를 단절하고 싶어서가 아니다. 연애를 지속하기 싫어서가 아니라, "앞으로도 건강한 관계를 이어가고 싶어서 자기만의 시간이 필요하다"라고 말하면 이상하게 들릴까? 개인플레이를 하며 충전한 에너지를 팀플레이하는 데 쓰겠다는 것이다.

티포원처럼 삽니다

과거의 연애를 반면교사 삼아 이런 특징을 존중해 줄 만한 사람을 배우자로 삼았다. 남편은 나와 비슷한 성격의, 아니 나보다 더 개인주의적 성향이 강한 사람이다.

신혼 시절, "개인플레이는 하면 안 되는 거야" 하던 과거의 목소리가 떠올라 조마조마했다. 부부가 각자 개인플레이를 하며 살아도 괜찮은 걸까? 어른들 말씀대로 검은 머리 파뿌리 될 때까지 일심동체 연리지처럼 살아야지 옳은 거 아닐까?

똑같은 성격의 남편과 결혼생활을 해 보니, 각자의 영역이 필요하다는 사실을 인정한다는 것만으로도 일단 숨통이 트였다. 내가 석 달에 한 번 아이를 데리고 한국에 간 동안 남편은 혼자만의 시간을 보낸다. 보고 싶은 영화를 마음껏 보고, 기름때 낀 쿰쿰한 단골 라멘집에 가고, 친구들과 낚시를 했다.

재충전한 남편이 육아를 전담하는 동안 나는 여행을 다녔다. 여러 나라의 전통 음식을 맛보고, 미술관에 파묻히고, 햇살 아래 태닝을 했다. 혼자만의 시간이자 내가 짊어진 역할로부터의 휴가였다. 그런 다음 함께하는 시간이 돌아오면 기쁘고도 감사한 마음으로 가족에 깊이 몰입했다.

그렇다고 해서 싱글 때와 똑같은 자유를 누리기만 하는 것은 아니다. 그와 내가 내린 결혼의 정의는 서로가 타고난 색깔 그대로를 지키면서도 새로운 색 하나를 더 얻는 것. 빨간색과 노란색 사이의 주황색처럼, 각자의 고유함을 해치지 않으면서도 수용 가능한 중간의 영역을 만들고 싶었다.

그 영역을 너무 좁지도, 넓지도 않게 지켜가기 위해서는 각자의 가치관에 유연성을 더할 필요가 있었다. 과거와 같은 긴 호흡의 여행은 아이가 조금 더 클 때까지 미룬다거나, 떨어져 있는 동안 걱정하지 않도록 연락을 적극적으로 취할 것 등 규칙이 정해졌다. 남편 역시 낚시 팀에 소속되어 스케줄을 따르는 대신 가족 상황에 맞는 날에 낚시를 가야 했다.

별다른 불만이 튀어나오거나 마찰이 일어나지 않는 건, 개인플레이를 하되 서로가 수용 가능한 범위 안에서 조율하며 신뢰를 쌓았기 때문이다. 배우자가 신뢰를 준다는 사실도 기뻤지만, 내가 배우자에게 신뢰를 주고 있다는 사실도 큰 기쁨이다.

개인주의자끼리 결혼하면 부부 모두가 가정 밖으로만 걸돌 것 같지만 그렇지도 않았다. 오히려 우리 부부는 가족과 함께 보내는 시간이 다른 가정보다 길다.

남편은 각종 계모임, 향우회, 동창회, 동호회 같은 모임이 거의 없다. 친구를 만나도 그때그때 시간 되는 아저씨들끼리 모여 코메다 커피(스타벅스보다 흔한 나고야의 커피 체인점)나 다녀온다. 나도 마찬가지다. 복수의 집단에 속해 다수의 사람과 교류하며 시간을 쓰기보다는, 깊이 있는 대화가 오가는 일대일 관계와 스스로의 내면에 집중하며 살고 싶다.

의무적으로 참가하는 모임이 없으니 주말은 오롯한 가족과의 시간이다. 아이가 좋아할 만한 장소를 찾아다니고, 함께 요리를 만들어 먹으며 밀도 높은 날들을 보낸다. 개인주의자이니 그 누구도 가정에 충실하지 않으리라는 세간의 예상과 달리, 둘 모두가 가정적이라는 반전에 이른 것이다!

이럴 줄 알았으면 진작 생겨먹은 대로 사는 건데, 내가 잘못된 것은 아닐까 고민하며 '개인플레이는 나쁜 거야', '넌 앞으로 혼자 살아라' 같은 말을 되새김질하느라 시간과 영혼을 허비했다.

남편과 나의 결혼생활을 식기에 비유한다면 티포원(tea for one)이 아닐까. 찻상 앞에 마주 앉아 함께 차를 마시되 각자가 원하는 차를 1인용 티포트에 우려내는 것이다. 커다란 티포트에 하나의 차를 우려 두 찻잔을 채우는 날도 있지만, 때로는 수색과 향취가 다른 차를 마시고 싶은 날도 있는 법. 티포원을 꺼내면 '함께'라는 큰 울타리 속에서 '나'와 '너'로 분리될 수 있다.

개인과 개인이 만나 이루는 부부라는 이름. 우리는 한 찻상에 놓인 두 개의 티포트처럼 다정하게 살아가고 있다. 오늘도 티포트에 뜨거운 물을 채워 넣는다. 쪼그라든 찻잎이 생기 있게 피어나며 서로 다른 차 향기가 하나로 섞여 든다. 개인플레이가 만들어 낸 스페셜 블랜드. 다른 어디에서도 맡을 수 없는 우리만의 냄새가 퍽 좋다. 티포원 같은 관계도 나쁘지 않다.

09. 결혼이 개인과 개인의 결합이 되기 위해서는

딸이 외국인 사위를 데려온다면?

장거리 연애한답시고 하늘에 돈 뿌리는 걸 관두기로 했다. 헤어지는 것이냐 하면, 그 반대였다. 삶의 기반을 통일하고 부부가 되기로 마음먹었다.

'마음먹었다'라는 다섯 글자를 쓰기까지의 과정이 간단하지는 않았다. 국제결혼과 국외 이주가 막연하게 느껴졌고, 공채 재수까지 해서 힘들게 들어간 회사도 눈에 밟혔다. 그러나 어떤 것이 더욱 대체 불가능한가를 생각한다면, 회사 밖에서도 내가 할 수 있는 일은 있다. 하지만 그는? 다른 누구로도 대체할 수 없는 사람이다. 그러니 함께할 수밖에.

다행이라면 다행일까. 원가족과 떨어진다는 두려움은 크지 않았다. 통영에서 나고 자란 친구들 대부분은 스무 살이 되면 전국 각지로 뿔뿔이 흩어졌는데, 나 역시 아무런 연고 없는 타지에서 가족과 떨어져 지낸 지 일곱 해를 맞은 참이었다. 한국의 낯선 도시라도, 일본의 나고야라도 부모님 가까이에 살지 못하는 상황은 같았다.

결혼 이야기가 오가기 시작했을 때 그에게 물었다. 결혼 허락은 어떻게 받으면 좋겠냐고.

"허락? 결혼은 내가 하는 거니까 부모님께 너의 존재를 허락받지 않아도 괜찮아. 결혼하겠다고 이야기하면 동의하실 거야."

10년 전 결혼한 그의 형도 배우자감을 집에 데려와서 보여 주거나 별도의 허락을 구하지 않았다고 했다. "아내가 되었으면 하는 사람이 있어 결혼하기로 했습니다. 결혼 날짜와 장소가 정해지면 정식으로 초대할게요" 하고 말았다고 한다.

하지만 상투 틀고 갓 쓴 할아버지 아래 자란 우리 아버지에게 이런 식의 결혼 통보란 있을 수 없는 일. 더군다나 부모님 입장에서 아들 결혼시키는 것과 딸 결혼시키는 것은 온도 차가 크기 마련이다. 이런 상황을 살핀 그는 수개월 전부터 '결혼 인사 대작

전'을 세웠다. 한국어로 자기소개 대본을 작성해 연습하고, 분위기를 부드럽게 하기 위한 선물을 고민했으며, 결혼한 친구들에게 첫인사 경험담을 물어 가며 마음의 준비도 했다. 애석하게도 친구들은 미래에 딸이 남편감 데리고 올 상상에 우리 아버지 쪽에 감정 이입을 해 버렸지만 말이다.

"선물은 어떤 걸 준비할 거야?"

"일방적으로 값비싼 걸 사면 상대방에게 부담을 주니까 실례가 될지도 몰라. 푸딩 좋아하실까? 아, 푸딩은 상할 수도 있으니까 쿠키가 좋겠다. 너도 다음에 우리 부모님 만나게 되면 푸딩이나 쿠키가 제일 좋을 거야."

결혼 인사 자리에서 드릴 선물이 푸딩이라니! 여차하면 결혼 의사를 파혼 의사로 오인받을지도 모를 일이었다. 한우나 홍삼, 과일이 적절하다는 내 말을 귀담아들은 그는 선물 리스트를 재정비했다. 여우에게는 여우를 위한 방법으로, 두루미에게는 두루미를 위한 방법으로 마음을 전해야 하니까.

마침내 다가온 인사의 날. 우리는 나란히 통영으로 향했다. 문턱이 마르고 닳도록 드나들던 내 집에 가는데 왜 떨리는 마음이 드는 걸까? 짐짓 차분한 척하며 대문을 여니 평소와는 다른 공기가 감돌았다. 가족들도 난생처음 겪는 상황이 낯선 듯했다.

그는 장기간 갈고닦은 큰절을 선보이며 차근차근 자기소개를 했다.

"저는 핫토리라고 합니다. 일본에서 아버지를 도와 컨설팅 회사에서 일하고 있습니다. 제 취미는 낚시입니다. 민지 씨와 태국에서 처음 만나 2년 6개월간 교제했습니다. 이제는 민지 씨와 결혼하고 싶습니다. 앞으로도 잘 부탁합니다."

엄마는 "네, 좋아요!"라는 말로 화답했지만 과묵한 아빠는 아무 말이 없었다. 침묵을 깬 것은 젓가락 소리. 아빠는 밥상에 놓인 왕새우 회 중에서도 가장 큰 새우를 집어 그의 앞접시에 놓는 것으로 대답을 대신했다. 두 개인의 결혼에 대한 또 다른 개인의 동의 표현이었다.

이제 와서 생각해 보면 부모님은 내 결혼에 대한 가능성을 꽤나 다각도로 열어 놓으셨던 것 같다. 결혼하지 않을 수도 있다는 가능성, 여행하다 만난 사람을 데려올 수도 있다는 가능성, 그 남자가 색다른 종교관과 세계관을 지닌 아주아주 먼 나라 사람일지도 모른다는 가능성 등등.

그 와중에 데려온 일본 사윗감을 보아하니, 말

은 안 통해도 엇비슷한 상식이 통할 것 같았나 보다. 어떻게든 다른 예비 사윗감처럼 해 보려는 모습을 보니 더더욱.

허락이 아닌 동의로 이루어진 결혼

새우 중의 새우, 왕새우를 통해 결혼 동의 의사를 전해 받은 우리는 머지않아 나고야로 떠났다. 함께 생활하며 비자를 준비하고 살림살이를 마련할 생각에서였다. 내가 일본에 들어왔다는 소식에 그의 부모님은 조심스레 식사를 제안하셨다. 같이 점심을 먹고 싶은데, 괜찮으면 참석해 줬으면 한다는 것이었다.

나에게도 말로만 듣던 시부모님이라는 존재가 생기다니! 남편도 이런 기분이었을까? 처음 겪는 긴장감에 아랫입술을 깨물었다. 시부모님에 대한 사전 정보는 전혀 없었다. 연애하는 동안 그가 "느그 아부지 뭐하시노?"라고 단 한 번도 묻지 않았기에 나도 같은 질문을 해 본 적 없는 탓이었다.

"혹시 두 분이 나를 싫어하시면 어떡하지?"

내 질문이 잘못되기라도 한 걸까? 그는 가뜩이나 큰 눈을 더더욱 크게 뜨며 말했다.

"우리 부모님이 널 싫어하면 너도 우리 부모님을 싫어하면 돼. 나이가 많다고 해서 언제나 옳은 판단만 하는 건 아니잖아. 혹시 우리 아버지가 합당한 이유 없이 너를 싫어한다면, 너도 합당한 이유 없이 싫어해도 되지 않을까? 성인 대 성인으로 같은 위치에서 대하면 돼."

신선하고도 놀라운 관점이었다. 이럴 때의 모범 답변은 '그래도 어른이니까 최대한 이해하고 예의 바르게 대해야 한다'가 아니었던가. 내가 결혼하기로 한 사람이지만, 정말이지 이전에는 듣지도 보지도 못한 타입의 인간이었다. 그의 이런 모습이 싫다기보단 재밌었다.

식당 직원은 미로처럼 이리저리 꺾인 복도를 해치며 방을 안내했다. 긴장한 내 멘탈도 이리 쿵 저리 쿵 정신없이 꺾였다. 마침내 복도 끝 다다미방에 도착했을 때, 그의 눈웃음을 꼭 닮은 노부부가 기다리고 있었다. 나보다 거의 쉰 살이 많은 할아버지, 할머니 같은 분들이었다.

시아버지 될 분은 어딘지 귀여움이 모락모락 피어오르는 인상이었다. 일흔 넘는 연세에도 자유로운 영혼임이 느껴졌다. 나와의 공통의 화제를 만들고 싶으셨는지 이런 말씀도 하셨다.

"핫토리(服部)라는 성씨는 옷을 만드는 부족이

라는 뜻이에요. 선조가 옷 만드는 기술을 갖고 신라 시대 때 한반도에서 건너왔대요. 그러니까 우리는 같은 곳에서 온 거죠!"

시어머니 될 분은 그와 꼭 닮은 얼굴을 하고 있었다. 자기소개도 할 겸 내가 만들던 정기간행물을 보여드리자, "대학 때 한국어를 배웠어요"라는 말과 함께 한글을 술술 읽으며 분위기를 풀어 주셨다.

결론적으로는 나를 싫어하지도 않았고 나를 싫어할 이유도 없는 분들이었다. 그제야 나는 온종일 깨물고 있던 아랫입술을 놓아 주었다.

시부모님과 나는 성인 대 성인. 같은 위치. 70대 시부모님과 내가 동등하다는 그의 말을 완전히 이해하기는 어려웠지만 앞으로의 생활이 흥미롭게 전개될 것 같다는 느낌이 들었다.

두 번의 결혼식, 하나의 공통점

몇 달 후, 우리는 일본에서 작은 식당을 빌려 결혼식을 올렸다. 오직 직계가족만 참석한 결혼식이었다. 한국에서 내 부모님과 동생이, 도쿄에서 그의 큰형이, 인도네시아에서 둘째 형이 날아와 주었다. 서로가 어떻게 성장해서 어떻게 만났는지를 이야기하고, 가족들이 읽어 주는 축하 편지를 듣고, 혼인신고서에 증인 서약을 받고, 모두 함께 수다를 떨며 하루를 보냈다.

이날, 남편은 우리 부모님과 시부모님께 몇 번이나 고개 숙여 인사를 했다. “저희 결혼식에 참석해 주시고, 결혼을 축하해 주셔서 감사합니다” 하고. 알고 보니 그의 머릿속에는 ‘혼주’라는 개념이 전혀 없었다. 혼사를 주재하는 사람은 그의 아버지도, 나의 아버지도 아니었다. 부모님은 어디까지나 손님이자 하객이었다. 그야말로 그와 내가 주인공인 결혼이었다.

하지만 K–장녀의 개혼이라 하기에 이는 충분치 않았다. 베이비붐 시대에 태어난 부모님 덕에 나에게는 스무 명의 이모, 고모, 삼촌과 마흔 명의 사촌이 있고, 부모님과 오래 친밀한 관계를 쌓아 온 지인도 수없이 많았다. 스물일곱이라는 나이에 결혼한다는 남자가 도대체 누군지, 괜찮은 사람인지, 나와 잘 어울리는지 얼마든지 궁금해할 수 있는 이들이었다.

결혼식에는 두 사람이 부부가 되기로 약속하는 의미도 있지만, 탄생과 성장을 지켜봐 준 사람들에게 감사 인사를 전하고 배우자를 소개하는 의미도 있다. 특히 자식의 결혼을 일생일대의 과업이라 믿는 우리 부모 세대에게, 나 좋자고 결혼식을 생략한다는 것이 한편으로는 박탈감을 줄 수도 있다. 아버지에게 '딸의 결혼식'이란 자신의 삶과 무관하다 할 수 없는 중차대한 일이니 말이다. 그런 부모님의 입장을 한번 더 생각해 볼 필요가 있었다.

후자의 의미를 외면할 수 없었던 우리는 한국에서 또 한 번의 결혼식을 했다. 한국 여자와 일본 남자의 결혼식이 서구식은 아니었으면 하는 마음으로 올린 전통 혼례. 한옥 마당에 멍석 깔아 혼례상 펴고 가마를 들이니 옛 잔치 분위기가 물씬 풍겼다.

좋은 날이면서도 보기 귀한 풍경이라서일까. 결혼식이 시작되기도 전부터 음악에 맞춰 덩실덩실 춤추는 사람이 있는가 하면, 가마가 들어갈 때는 "신부 들어온다!" 하는 흥겨운 추임새가 터져 나왔다. 신랑 신부가 술잔을 나눌 땐 "거 시원시원하게 잘 마시네!" 하는 환호성이 들렸고(이실직고하자면 술잔에는 냉수가 들어 있었다), 절을 하다 엉덩방아 찧어 버린 나를 보며 다 함께 와하하 웃기도 했다. 모두가 즐기고, 모두가 오래도록 기억할 수 있는 결혼식이었다.

한복을 입고 서툴게 절하는 그의 모습에 마음의 빗장을 푼 것일까? 한국에서의 결혼식을 통해 남편은 의문의 존재에서 친근한 존재가 되었고, '핫서방'으로 등극해 가족의 일원으로 환영받았다.

조금은 다른 두 번의 결혼식에는 하나의 공통점이 있다. 가족이라는 이름으로 함께하는 다른 개인들의 이해와 양보가 있었다는 것이다. 어쩌면 반대가 있을 법한 혼사인데도 모두가 결혼 당사자의 결정을 존중했고, 꼭 필요하지 않은 결혼 절차는 생략했으면 좋겠다는 우리 의견도 받아들여졌다.

한국에서 신랑 신부가 결혼하며 예단과 답례를 주고받는다면 일본에서는 약혼 예물인 '유이노오(結納)'를 주고받는데, 국제결혼이라 이를 생략하는 집안도 있지만 결혼 절차를 두 배로 치르는 집안도 있다. 생략을 원했던 남편과 내 의사는 흔쾌히 수용되었고, 그런 마음이 고마워 우리도 결혼에 대한 가족 의견을 들으려 귀를 열었다. 결혼과 관련되어 있는 가족 입장을 충분히 헤아렸기에 가족도 결혼 당사자인 남편과 나를 헤아려 준 것이다.

이런 풍경이 국제결혼을 한 우리 부부에게만 해당되는 것은 아닌 것 같다. 셀프 웨딩, 스몰 웨딩 등 색다른 혼례 절차를 선택하는 사람의 수가 늘어나고 있고, 아예 식을 생략하는 등 혼인이라는 인륜지대사에서 개인의 선택은 점점 다양해지고 있다. 우리 부모 세대만 해도 상상할 수 없는 일이었다.

교토 대학 교수이자 일본의 사회학자인 오치아

이 에미코는 〈근대가족, 길모퉁이를 돌아서다〉(전미경 역, 동국대학교출판부, 2012)라는 책에서 20세기가 가족의 시대였다면, 21세기는 개인의 시대라는 견해를 펼쳤다.

결혼을 사회적·역사적 관점에서 바라보는 사람들은 앞으로 일어날 변화의 키워드가 '개인'이라 한다. 결혼 제도에 속하든 속하지 않든 개인의 자율성과 선택권이 넓어지고 관계는 평등해져 간다는 것이다. 가족의 세기에서 개인의 세기로 옮겨가는 정중앙에 놓인 지금. 결혼을 한다는 것은 어떤 의미이고, 이 과도기를 어떤 마음으로 걸어가야 할까?

우리는 결혼이 개인과 개인의 결합이라는 데에 동의하지만, 지금도 여우를 대할 때는 여우의 입장에, 두루미를 대할 때는 두루미의 입장에 선다. 일본 부모님 생신이 다가오면 받는 사람이 부담스럽지 않을 푸딩을 사고, 한국 부모님 생신이 다가오면 원하시는 곳에 쓸 수 있는 용돈을 준비하면서 말이다.

부부 두 사람이라는 개인뿐만 아니라 또 다른 개인들을 품으며 만들어 가는 결혼 생활. 개인주의적 결혼은 그렇게 시작되었고, 그렇게 이어지고 있다.

10. 시댁 집들이가 20분 만에 끝났다

커피 한 잔으로 끝난 집들이

한국에서 결혼식을 치르고 나고야로 돌아갈 때, 우리 아버지는 이렇게 말씀하셨다.

"시부모님 자주 찾아뵙고 돌봐 드려라. 중간중간 전화로 안부 인사도 꼭 드리고."

아버지가 생각하는 며느리 도리란 '자주 찾아뵙기'와 '자주 전화하기'인 듯했다. 남동생의 미래 아내가 심히 걱정스러우면서도, 당장 눈앞에 닥친 내 결혼 생활도 우려가 됐다. 시부모님이 생각하는 며느리 노릇도 그러하다면 정말이지 큰일이었다. 우리 집에서 시댁까지는 차로 5분. 자주 찾아뵙기 딱 좋은 거리가 아닌가? 부담감이 밀려왔다.

결혼식을 올린 지 몇 주 후, 시부모님이 우리 집 구경을 와도 괜찮겠냐고 남편에게 연락을 주셨다.

“올 게 왔구나!”

시댁 집들이에 대해 장기간 축적된 데이터베이스가 풀가동했다. 대단하지는 않지만 부족하지도 않을 만한 계획을 세워 남편에게 의논했을 때, 그는 놀란 토끼 눈을 하고 말했다.

“그렇게 하지 않아도 돼. 오후 3시에 오시기로 했어. 커피나 사러 가자.”

오후 3시에 집들이를 한다고? 오후 3시부터 밤까지 쭉 계시겠다는 건가? 다과상과 집들이상을 이중으로 준비해야 하나? 계속되는 내 물음에 남편은 이렇게 답했다.

“아니야, 정말 커피만 마시고 가실 거야.”

남편의 말은 진짜였다. 토요일 오후 3시. 시부모님은 “실례하겠습니다”라고 인사를 하며 집으로 들어오셨다. 사실, 실례도 아니었다. 우리의 신혼집은 시어머니의 소유였으니까. 그동안 세를 놓던 맨션을 우리에게 내주시곤 월세를 면제해 주신 참이었다.

많은 일본 신혼부부에게 월세살이란 당연하다.

신혼 때는 회사에서 지급하는 주거보조비로 월세생활을 하며 자신들의 라이프스타일에 잘 맞을 만한 지역과 주거 형태를 탐색한다. 그러다 아이를 낳고 학군을 결정하는 시점에서야 30년간 상환할 대출과 함께 '마이 홈'을 장만하고, 그 집에 장기간 거주하는 것이 대중적인 주거 문화다. 부모에게 도움을 받기보다는 자립하는 형태라고 볼 수 있다.

이런 상황에서 시어머니의 월세 면제는 당장 경제적 자립이 어려운 외국인 며느리가 새 환경에 마음 편하게 적응하도록 돕는 배려였다. 그런데 본인 소유의 집에 들어오면서 '실례하겠습니다'라니. 나야말로 실례하고 있는 건 아닌가 움츠러들었다.

곱게 간 원두에 펄펄 끓는 물을 부었다. 온기 넘치는 커피 넉 잔을 두고 식탁 앞에 마주 앉았다. 시부모님은 내 취향으로 새롭게 꾸며진 집안을 둘러보며 집이 환해졌다고 기뻐하셨다. 오랜만에 만나는 고양이들에게도 인사를 건넸다.

20분쯤 흘렀을까? 시부모님은 집 구경 잘했다며 자리에서 일어났고, 경쾌하게 손을 흔들며 사라지셨다. "그럼 실례했습니다" 하는 인사와 함께.

가끔 만나도 웃으면서 만납시다

집들이가 이토록 간단하게 끝나 버리다니. 어리둥절했다. 지금껏 봐 오던 지인들의 시댁 집들이와 달리 두둑한 현금이나 가전제품 같은 큰 선물이 들어오지도 않았다. 백합 두 송이와 함께 집에 있던 꽃병 하나 들고 오신 것이 전부였다.

도자 수집이 취미인 두 분이 애지중지 아끼던 작품이라 했다. 새것이 아님에도 서운하지 않았다. 그런 물건을 물려받는 것은 "우리 가족이 된 걸 환영해"라는 인사와도 같았으니까. 풍성한 상차림과 거한 선물은 없었지만 마음과 마음이 충분히 오간 집들이였다.

나중에 들어 보니 집들이를 오신 것도 시댁과 우리 집이 가까워서 가능했다고 한다. 도쿄에 사는 큰형 내외에게는 20년간 한 번도 찾아가지 않았다는 말에 놀라 기절할 뻔했다. 형네가 이사를 하거나 새집을 살 때에도 구경하러 가지 않으셨다나.

나고야에서 도쿄까지 신칸센으로 한두 시간이고, 자식들과 두루두루 사이가 좋은데도 어찌하여 이런 일이 일어나는가? 남편은 놀란 나를 보고 더 크게 놀라워했다.

"집에 찾아가는 것에 왜 그렇게 큰 의미를 두는

거야?"

익숙하지 않은 상황을 꼭꼭 씹어 소화하는 데에는 긴 시간이 걸렸지만 이제는 이런 느슨한 관계가 속 편하다.

가까이 살아도 시부모님과 내 만남은 아주 드물게 이루어진다. 특별한 날이나 좋은 날에 함께하되, 시시콜콜한 일상을 같이 보내지는 않는다. 며느리의 돌봄보다는 개인의 일과 취미를 더 재밌게 생각하시기 때문이다.

그러한 와중에도 아이만큼은 할아버지, 할머니를 자주 만난다. 조부모와 손자 간의 만남이 잦아서 해가 될 것은 없어서다. 하지만 며느리인 나에게 아이와 똑같은 빈도로 얼굴을 비추라 하시지는 않는다. 반대로 생각해 봐도, 우리 엄마도 사위를 뭐 매주 보고 싶어 하지는 않을 것 같다. 손자면 몰라도.

남편 식구들에게 있어서 '가족'이란 빈틈없이 밀착하는 사이가 아니라, 가끔 만나더라도 웃으면서 만나는 사이를 뜻하는 듯하다. 이 사람들은 좋은 가족의 기준을 만남의 빈도에 두지 않았다. 방점을 '가족끼리 좋은 사이를 유지하는 것'에 찍고 거기에 맞게 물리적, 심리적 거리를 유연하게 조절했다.

그랬다. 시부모님은 나 못지않은 개인주의자였다. 가족이라는 이름으로 엮여 있지만 그 속에서도 개인의 생활과 적당한 거리, 예의를 중요하게 생각했다. 쇼펜하우어의 고슴도치 딜레마를 떠올리게 하는 관계였다. 1851년에 쇼펜하우어가 남긴 이 우화 말이다.

추운 겨울날, 고슴도치들은 얼어 죽지 않기 위해
서로 바싹 달라붙어 한 덩어리가 되어 있었다.
그러자 그들은 곧 그들의 가시가 서로를 찌르는 것을
느꼈다. 그리하여 그들은 다시 떨어졌다. 그런데
그들은 추위에 견딜 수 없어 다시 한 덩어리가
되었다. 그러자 가시가 서로를 찔러 그들은 다시
떨어졌다. 이와 같이 그들은 두 악(惡) 사이를 오갔다.
그리하여 마침내 그들은 상대방의 가시를 견딜 수
있는 적당한 거리를 발견했다.
인간의 공허함과 단조로움으로부터 생겨나는
사교에 대한 욕구는 인간을 한 덩어리가 되게 한다.
그러나 그들은 불쾌감과 반발심으로 인해 다시
떨어진다. 그리하여 마침내 그들은 서로 견딜 수
있는 적당한 간격을 발견했다. 그것이 바로 정중함과
예의이다. 그러므로 그것을 지키지 않는 사람은
"당신의 간격을 유지하라(keep your distance)!"라는

말을 듣는 것이다.

– 아르투어 쇼펜하우어, 〈쇼펜하우어의 행복론과 인생론〉 464쪽, 홍성광 역, 을유문화사, 2013년

우리가 결혼을 하고, 가정을 꾸리는 이유는 인간생활의 공허함과 단조로움 때문인지도 모른다. 그렇게 만들어진 가족 안에서도 너무 바짝 달라붙으면 서로의 가시에 찔리고 만다.

여기에서의 '적당한 간격'은 무엇일까? 가족과 남처럼 멀어지라는 의미가 아니다. 많은 부모가 자식과 자신을 동일시하면서 불화가 싹튼다. 내 배 아파 낳은 자식일지라도 나와 다른 성향과 가치관을 가지고 있는 다른 인격체라는 것을 잊고 동일시할 때 서로의 가시에 찔리기 쉽다.

부모 자식 관계, 가족 관계라 해도 나와 동일시하지 않고 상대방의 생각과 결정을 존중하는 정도의 적절한 거리감, 이게 바로 가족 간에 필요한 정중함과 예의 아닐까?

더욱이 성인이 된 자녀에게 원가족을 내세우는 것은 독립을 인정하지 않는 것이나 다름없지 않은가. 독립해 자신의 가족을 형성한 자녀에게(그것이 1인가구일 수도 있다) 동등한 가장의 지위를 인정하는 태도는

반드시 필요하다.

국제결혼이라 자유로운 걸까?

시댁과 어떻게 이런 관계가 가능할까. 국제결혼이라서일까? 아니면 일본 문화가 원래 이런 걸까? 답을 찾기 위해 가까운 사람들의 상황을 묻고, 들어 보았다.

모든 것은 케바케(케이스 by 케이스) 사바사(사람 by 사람)라 하였던가. 한일 부부, 일본 부부 할 것 없이 가족 문화는 제각각이다. 우리보다 더욱 먼 거리를 두고 사는 가족이 있는 반면, 매 주말마다 시가에서 "아이 보게 다 같이 와라"거나 "일주일에 한 끼라도 같이 먹자"며 자주 호출하는 집안도 있다. 사람마다 선호가 다르겠지만 어떤 관계든 어느 한쪽에 부담이 된다면 그 관계가 과연 건강하다 할 수 있을까?

일본에도 원가족으로부터 정서적 독립을 이루지 못한 배우자가 많다. 아내가 만든 음식을 두고 "우리 엄마 된장국과 맛이 다르잖아!"라고 타박하는 남편이 있는가 하면, 이런 남편을 '철없는 우리 집 큰아들'로 여기고 수용하는 아내도 있다. 일본의 작가 우에노 치즈코는 마나시타 기류와 함께 쓴 책 〈비혼입니다만, 그게 어쨌다구요?!〉(조승미 역, 동녘, 2017)에서 근대의 일본 부부는 아내-남편이 아닌, 엄마-아들의 형태로 가족 관계가 정립되었다고 언급하기도 했다.

현모양처라는 단어가 일본의 '양처현모(良妻賢母)'에서 왔다는 것을 생각하면 이상한 일도 아니다. 메이지 시대 정부가 남성은 생계를 위해 밖에서 노동을 하고, 여성은 가족 공동의 이익을 위해 남성을 돕는 역할을 하도록 만들어 낸 담론이 양처현모였으니 말이다.

물론 모든 일본 여성이 양처현모 담론을 군말없이 수용한 것은 아니다. 일본의 여성운동은 시부모님이 결혼하던 1960년대에 태동했다. 미혼 여성을 팔다 남은 상품으로 취급하거나 기혼 여성을 남자 가문의 소유로 여기지 말자는 움직임이었다. 가수들은 포크송으로, 작가들은 글로, 학자들은 강단에서 이런 생각을 표현했다. 한국에서도 잘 알려진 여성학자 우에노 치즈코가 바로 이 세대다.

시어머니도 당대의 알파걸이었다. 당시의 뭇 남성들보다 훨씬 뛰어난 고등교육과 대학교육을 받고 시아버지와 동일한 직장에서 근무했다. 그럼에도 불구하고 결혼 생활에서 일종의 고부갈등을 겪었다.

시할머니는 옛날 사람이었다. 지금으로부터 100여 년 전에 태어나 전통 악기 연주나 다도 같은 신부수업을 받으며 성장했고, 때가 되자 집안이 정한 혼처로 몸종을 이끌고 시집을 '왔다'. 말 그대로 가문과 가문의 결합이었다. 그런 시할머니와 여성운동 첫 세대인 시어머니가 40년간 한 지붕 아래 같이 살았으니, 갈등이 없기는 어려웠을 것이다.

기나긴 세월 동안 밀착된 가족 관계를 경험한 시부모님은 자녀에겐 같은 삶을 요구하지 않기로 했다. 말하자면, 지금의 가족 문화에는 시대적인 환경과 개인적인 경험이 고루 작용한 셈이다.

배우자가 금발에 푸른 눈을 가졌다고 해도 시월드와 갈등을 겪는 사람은 존재한다. 그렇기에 선뜻 "국제결혼이라서 그래요" 혹은 "남편이 일본인이라서 그래요"라는 말을 하기는 어렵다. 출신 국가라는 큰 맥락 아래에서도 개인의 가치관과 행동양식은 수천수만 갈래의 다른 길로 흐르는 까닭이다.

70대 개인주의자를 관찰하는 즐거움

종종 개인주의자 간의 결혼에 대해 막연한 우려의 목소리를 듣는다.

"개인주의? 연애만 하거나 신혼일 때나 가능하겠지. 애 태어나 봐. 어떻게 개인주의로 살겠어?"

70대 시부모님의 삶은 이런 우려가 기우라는

것을 보여 준다. 결혼을 해도, 애를 낳아도, 그 애가 애를 낳아 와도 개인주의자는 개인주의자다.

노년기를 맞이한 개인주의자가 어떤 모습으로 살고 있는지를 보면 그저 평범하다. 고슴도치처럼 적정한 거리를 유지하려 노력하는 사람일 뿐, 사회 공동체나 자녀 정서에 대단한 해악을 끼치는 존재가 아니다. 자신만 생각하는 이기적인 사람은 더더욱 아니다. 가족 구성원에게 적절한 예의를 요구하면서도 본인도 동등하게 예의를 차려야 한다고 여긴다.

시부모님과의 이런 관계는 내 투쟁과 노력으로 얻었다기보다는 우연히 얻어걸린 쪽에 가깝다. 때문에 나는 시가와의 관계를 개선해 가는 구체적인 행동지침을 알려 줄 능력이 없다. 가족 문제를 해결할 만한 묘안이나 정답을 갖고 있지도 않다.

그럼에도 이 글을 쓰는 이유는, 시부모님의 방식에서 일종의 힌트를 얻었기 때문이다. 가시에 찔려 본 고슴도치들이 자녀 세대에게 "나도 찔렸으니 너도 찔려 봐" 하지 않고, "내가 찔려 보니 아프더라. 그러니 우리 적당히 좀 떨어지자" 하는 것. 배우자의 출신 지역이나 국가보다 더 중요한 요소는 여기에 있다.

고슴도치 우화는 남편과 나에게 또 다른 긴장감을 준다. 만약 자식이 장성해 결혼을 선택한다면,

우리 또한 그들이 적정하다고 생각하는 거리감과 예의의 정도를 함께 맞추어 나가야 할 테니 말이다.

유쾌하면서도 정중한 70대 개인주의자들을 보며 앞으로 꾸리고 싶은 가정의 모습을 다시 생각해 본다.

— 상대방에게 부담이나 무리가 되는
관계를 요구하지 않을 것.
— 현재와 미래의 가족이 나로 인해
괴로움보다는 편안함을 느끼게 할 것.
— 아들과 며느리에게 온기를 요구하기보다는,
스스로 내적인 따뜻함을 지닐 것.

이런 모습으로 살며, 아주 가끔 어느 오후에 커피 한 잔 나눌 수 있는 사이라면 충분하지 않을까.

11. 아주버님, 형님에게 이름을 부르라고요?

아들 낳는 이름

1961년 봄, 작은 마을에서 아기가 탄생했다. 위로 이미 딸 둘이 있어, 사람들은 이번 아이가 아들이기를 기대했다. 하지만 성별은 딸이었다.

집안 어른들은 아이에게 두 개의 이름을 지어 주었다. 호적에 올릴 이름과 집안에서 가족끼리 부를 아명. 가족용 이름은 '정둘이'였다. 무슨 뜻인고 하니, '정말로 둘러서 아들 낳아라'의 줄임말이라 했다.

다행이라고 해야 할까? 넷째는 아들이었다. 가족들은 셋째 딸을 칭찬했다. "니가 터를 잘 팔아서 아들을 낳은 거야. 정말 잘했어"라고. 이 이야기의 주인공은 우리 엄마다.

나는 다른 나라에서 일어나는 일에 대해 우리보다 '뒤쳐졌다'거나 '잘못됐다'는 식으로 옳고 그름을 재단하지 않아야 한다고 생각한다. 사회적 배경이나 문화적 맥락이 다를 뿐, 어느 나라 사람이든 자신이 선 자리에서 한발 더 나아가려 고군분투한다고 믿기 때문이다.

다른 시대에 대해서도 마찬가지다. 과거의 사람들이 생각한 해답이 지금의 정답과 다르더라도, 그 시대 상황이나 선택을 현대의 내 잣대로 비난하기는 어렵다.

농업을 위해 한곳에 정주해 살았던 시절에 부계적 씨족 집단이 형성된 것은 그 시대 최선의 생존 방식이었을 것이다. 무리를 이루어야만 살아갈 수 있는 환경에서 자녀 한 사람 한 사람을 개별성과 고유함을 가진 개인으로 보기는 어려웠으리라. 가족이라는 집단을 유지하기 위해 아들이 필요하고, 그 아들이 집안을 끌어간다고 생각하던 시대에 엄마는 정둘이로 불리며 자랐다.

"민지야~" 큰엄마께서 부르셔

정둘이는 결혼을 하며 또 다른 이름을 얻었다. 바로

내 이름, '민지'였다. 명절날 할머니 댁에만 가면 엄마는 민지가 됐다. 큰엄마가 "민지야!" 해서 돌아보면 나를 부르는 게 아니었다. 엄마더러 빨리 와서 전 부치라는 소리였다.

"왜 제 이름을 불러요?"

순수하게 궁금해서 물었을 뿐인데, 대드는 것처럼 느껴졌나 보다. 그 후로 엄마를 부르는 호칭은 조금 달라졌다. "민지야"에서 "민지 엄마야"로.

따지고 보면 우리 엄마만 그런 상황에 놓인 것은 아니었다. 큰엄마도 나에겐 그저 '큰엄마'였다. 큰엄마의 진짜 이름이 무엇인지 나는 기억하지 못한다. 베이비붐 시대의 대가족에서 열 명의 자식과 열 명의 배우자, 스무 명에 달하는 손자, 손녀는 이름이 아닌 생질, 종질, 당질, 당고모 등 호칭이나 역할로 서로를 불렀다.

내 사촌들이 '셋째 숙모'인 우리 엄마 이름을 모르는 것도 이상한 일이 아니었다. 어쨌든 그 집에서 개개인의 이름은 쓸모가 없었다. 특히 아내들의 이름이 그러했다. 이름도 없는 아내들이 모여 최 씨 집안의 자녀를 낳고, 차례와 제사를 치렀다.

다시금 당시의 관점에서 보자면, 과거에는 장성한 자녀의 이름을 부르지 않는 것을 예의라 여겼다.

가정을 꾸리고 아이를 낳은 자녀에게 '민지 아범' 혹은 '민지 어멈'이라 칭하는 것은 자녀를 상투 튼 어른으로 존중하기 위해서였다. 아랫사람 입장에서도 마찬가지였다. 집안 어른을 호칭이 아닌 이름으로 부르는 것은 상대를 하대하는 행위와 같았다.

이런 문화는 이름을 하찮게 여겨서라기보다는, 소중히 해서 생긴 것이라 한다. 2019년 경상일보에 실린 추석 특집 기사에서 한 유학자는 가족간의 호칭에 대해서 "이름은 본래 아주 소중한 것이다. 성인이 되면 친구 간에도 부르지 않을 정도로 귀하다. 이름을 부르는 건 임금, 부모, 스승만 가능한 일이다. 서로에게 존칭을 하는 건, 우리의 전통이다. 무릇 전통은 아무렇게나 만들어지는 게 아니다. 성평등 잣대로만 규정해 그 의미를 훼손하는 건 옳지 않다. 전통을 지키는 것이 바로 예의범절을 지키는 것"이라 밝혔다.(경상일보, 2019년 9월 10일)

과거를 이해하는 데에는 도움이 되는 말이지만, 지금도 그래야만 할까? 이름을 부름으로써 예의범절을 지킬 수 있는 경우는 없을까?

아주버님, 형님을 이름으로 불러 보니

이런 장면을 보며 성장한 나에게도 '며느리' 이름표

를 다는 날이 왔다. 1월 1일, 일본의 설날이었다. 결혼식을 올리기도 전에 맞은 명절이었고, 부모님을 제외한 남편의 가족과는 처음 대면하는 자리였다. 남편은 삼 형제인데 큰형은 결혼해서 아내와 딸 하나가 있다 했고, 둘째 형은 결혼을 선택하지 않은 비혼이었다.

떨리는 마음으로 내 소개를 했다. 새롭게 가족이 된 민지라고 한다고, 잘 부탁한다고. 그 순간부터 식구들은 나를 제수씨나 올케가 아닌 '민지 씨'라고 불렀다.

나는 가족들을 무어라 불러야 할지 궁금했다. 남편에게 "형을 뭐라고 부르면 돼?"라고 물었더니, '이름+씨'로 부르면 된다고 했다. 아주버님에 해당하는 호칭이 쓰이지 않는 탓이었다. 설마설마하면서 꺼낸 "그럼 형 아내분은?" 하는 질문에도 같은 답이 돌아왔다.

처음에는 적응하기 어려웠다. 남편 형들 이름을 부르는 것이 어딘지 모르게 낯간지러웠다. 중학생 시조카가 나를 숙모가 아닌 '민지 씨'나 '민지 아주머니'라고 부르는 것도 어색했다.

하지만 숙모라는 호명이 자리에 나를 끼워 맞추는 느낌이 드는 반면, '민지 아주머니'는 내가 이

가족 안에서 어떤 역할과 지위를 차지했는지와 무관하게 나를 나로 대해 주는 느낌이었다.

그렇게 지난 몇 년 간 가족을 호칭 아닌 이름으로 불러 보니, 서로가 수직적 상하 관계가 아니라 수평적 관계로 느껴졌다. 최근에는 조직 중에 직급 대신 닉네임을 지어 부르거나 직급에 상관없이 존칭을 사용하는 곳이 많이 있다. 직급에 따른 위계 질서에서 벗어나 서로를 존중하고 수평적인 조직 문화를 권장하는 추세다. 가족 안에서도 마찬가지가 아닐까 싶다.

큰형의 아내와 내 사이를 살펴보면 사실 그가 위고 내가 아래여야 할 이유가 없는 사이다. 동등한 두 개인이 선택한 배우자가 우연히 형제였고, 그의 배우자가 우연히 장남으로 태어났을 뿐이다. 이런 사이에 서열이 있다고 한다면 그것은 다분히 남편 가문 중심적인 사고일 것이다.

한국에서 꾸준히 논의되고 있는 것처럼, 호칭이 그 자체로서 차별을 내포하기도 한다. 남편이 형의 아내를 부를 때 칭하는 형수(兄嫂)에서 '수(嫂)'는 여성 여(女)와 늙은이 수(叟)가 조합된 단어다. 풀어보자면 '형의 늙은 여자'라는 뜻이다. 반대로 도련님은 도령+님이다. 총각을 대접하고 높이는 단어인 '도령' 위에 다시 한번 '님'을 붙인 모양새다.

서로 존중하고 싶어서 부르는 것이 호칭일진대, 누구는 '형의 늙은 여자'가 되고 누구는 높임에 높임을 더한 '도련님'이 된다. 이런 뜻을 몰랐을 적에야 그냥 받아 들였지만 의미를 알고나니 불편한 마음을 지울 수 없다.

물론, 일본 가족 호칭에도 비슷한 문제가 존재한다. 특히 결혼을 해도 성이 바뀌지 않는 한국과 달리 일본은 온 가족이 하나의 성씨를 쓴다. 지금까지는 주로 아내가 남편 성을 따랐다. 이혼하면 원래 성으로 되돌아오고, 재혼하면 성이 또다시 바뀐다. 일본만이 아니라 많은 나라에서 결혼한 여성이 남편의 성을 따르고 있다. 하지만 일본은 '부부동성제'를 법으로 규정해 두고 있어 꾸준히 문제 의식이 제기되고 있다.

최근에는 나라를 막론하고 자신의 성을 쓰거나, 본래 성과 남편의 성을 이어서 함께 쓰는 사례가 늘고 있는 것으로 보인다. 남편의 사촌 누나도 상대방 집안의 성을 따르지 않았다. 남편 쪽이 아내의 성을 따라 '핫토리'가 되었다. 여성이 남성의 성을 일방적으로 따르기보다는, 두 사람의 합의 하에 적절한 성을 선택한 것이다.

호칭에 대한 고민을 하고 있는 나라가 또 있다. 무슬림 국가인 아프가니스탄이다. 이곳에서 여성들은 이름으로 불리지 않는다. 집 밖에서는 '누구누구 아내'나 '누구누구 엄마'로, 남편에게는 '애 엄마'나 '집사람', '내 암탉'과 같은 말로 불렸다. 이름이 신성한 명예의 상징이기에 함부로 부를 수 없기 때문이란다.

2017년 아프가니스탄 여성들은 '내 이름은 어디에 있나요?(#WHEREISMYNAME?)' 캠페인을 시작했다. 멋진 일이다. 탈레반의 정권 장악으로 이 캠페인이 지속될지 불투명한 상황이긴 하지만, 한국에서도, 일본에서도, 아프가니스탄에서도 사람들은 이름을 찾기 위해 안간힘을 쓰고 있다. 누군가의 이름이 정말로 명예롭다면 그 이름을 쉬쉬하기보다는 더 자주, 더 크게 불러 주어야 한다.

이름은 개인의 상징

전통을 계승하고 우리 문화를 지켜나가는 일은 중요하다. 그러나 상대를 존중하기 위해서 이름이 아닌 호칭으로 존칭하는 우리 문화가 이제는 존중이 아닌 위계의 도구로서만 역할한다면, 서로를 귀하게 대하는 새로운 방법을 찾아야 하지 않을까. 단순히 무엇으로 부르느냐의 문제가 아니라, 시대와 문화의 맥락에서 호칭의 변화가 필요하다고 생각하는 이유다.

우리가 서로를 이름으로 부른다는 건 어떤 의미일까? 바야흐로 개인의 시대. 이제는 갓 태어난 여자 아기에게 다음 아이가 아들이기를 기원하는 이름을 짓지 않는다. 독립적인 개인인 아이를 가족이라는 집단에만 기초해 바라볼 수 없기 때문이다.

"예솔아, 할아버지께서 부르셔 / 예 하고 대답하면 / 너 말고 네 아범 / 예솔아, 아버지께서 부르셔 / 예 하고 달려가면 / 너 아니고 네 엄마"('내 이름 (예솔아)', 강원석 작사, 이규대 작곡)

이 노랫말과 같은 일도 이제는 드물 것이라 생각한다. 어떤 한 집안에서 자녀를 생산하는 역할만이 개인의 정체성은 아닌 까닭이다.

가족 안에서 이름을 되찾는다는 것은 한 사람이 고유한 정체성을 지닌 개인으로 인정받고 존중받는다는 뜻이다. 우리는 정말로 둘러서 아들을 점지하기 위해 태어나지도, 자녀를 낳아 가문의 대를 잇기 위해 존재하지도 않는다. 그저 한 사람의 개인으로 내 이름 석자 부끄럽지 않게 사는 정도면 되지 않을까. '개인주의'라는 단어가 주는 왠지 모를 부정적인 어감에도 불구하고, 가족 관계 안에서 개인주의가 필요한 이유는 여기에 있다.

앞으로 다가올 명절에도 부모가 고심해 골라 준 좋은 이름을 더 많이 부르고, 더 많이 들으며 개인주의 팽배, 개인주의 만연, 개인주의 창궐하게 보내겠노라 다짐해 본다.

12. 개인주의 며느리에게 제사란?

핼러윈보단 정월대보름이 취향인 인간

이 나라, 저 나라 구경에 푹 빠져 있던 스무 살 무렵. 인도를 뒤로 하고 집으로 돌아오는 길이었다. 방콕에서 김해공항으로 오는 비행기 옆 자리에 스웨덴 아저씨가 앉았다. 아저씨는 심심했는지 자꾸만 말을 붙였다. 영어 실력이 "나 간다, 너 오냐?" 수준이었던 나는 아저씨가 입을 열 때마다 동공이 진도 5 수준으로 세차게 흔들렸지만, 마음의 해일을 가라앉히고 그가 하는 말에 귀를 쫑긋 세웠다.

볼보에서 일하는 그는 창원으로 장기 출장을 가는 중이라 했다. 한국에 대한 기대감이며 스웨덴에 있는 가족 소개를 시작으로 말동무, 길동무가 됐다. 아저씨의 이야기 주머니가 바닥을 드러낼 때쯤, “너는 태국 여행하고 집에 가는 길이니?” 하고 묻는 것이 아닌가.

리스닝에서 스피킹으로의 급격한 전환이 이루어졌다. 인도를 여행했고 태국은 경유지였단 내 말에 아저씨는 호기심 어린 눈으로 질문을 이어나갔다.

“인도? 왜 거기로 여행을 간 거야? 인도 여행은 어떤 게 좋았어?”

오색 빛깔 사리와 특유의 신나는 음악, 할리우드 못지않게 사랑받는 볼리우드까지, 자신들 고유의 문화를 주류 문화로 향유하고 있는 나라. 나는 인도의 신선함에 속수무책으로 이끌렸다. 그 후로 마살라를 갈아 인도 요리를 하고, 오목하거나 납작한 인도 식기를 모으며, 아미르 칸 프로덕션의 영화를 즐겨 봤다. 우리가 잘 모를 뿐, 이름도 낯선 각국의 다양한 문화들 속엔 반짝이는 보물이 많다. 그런 보물이 많이 살아 남을수록 세계는 다채로워진다고 믿는다. 그것이 내가 인도 여행을 좋아하는 이유이자 문화 취향이다.

반대로, 덮어놓고 따르자니 영 흥이 나지 않는 문화도 있다. 나에겐 핼러윈데이가 그렇다. 한국에서도 그러하듯 가을이면 수많은 일본 젊은이들이 핼러윈데이를 즐기러 시부야와 신주쿠로 쏟아져 나온다. 아이들도 마찬가지다. 코스튬 플레이를 하며 “trick or treat!”을 외친다. 조막만한 아이들이 귀여운 옷을 입은 걸 보면 사랑스럽기도 하다. 하지만 점점 공식화되어 가는 이 이벤트에 나는 어디까지 장단을 맞춰야 할지 알 수 없다.

솔직한 마음은 이렇다. 즐길거리가 부족한 일상에서 사람들이 핼러윈을 통해 기쁨과 즐거움을 찾는다면 너무나도 좋은 일이다. 하지만 내 취향을 생각하면? 아무런 인연도 없는 서유럽 켈트 족의 명절을 기념하기보다는 한국 정월대보름에 부럼을 깨 먹고 일본 칠월칠석에 팥밥을 해 먹고 싶다. 그 역시 내가 누릴 수 있는 보석 같은 다채로움이니까.

장난꾸러기 남편은 신나게 나를 놀렸다.

“민짱, 그런 생각을 하고 있었어? 글로벌 시대에 핼러윈 파티 좀 하면 어때. 그런 게 재미가 없다니! 너는 문화 우익이구나?”

문화 우익이라니! 와, 어이없고도 신박한 별명이었다.

명절 제사가 이걸로 끝이라고요?

결혼 후 두 번째 명절이 찾아왔다. 의미는 한국의 백

중날(百中)과 비슷하지만 규모는 추석과 같은 '오봉(お盆)'이었다. 돌아가신 조상이 집으로 찾아온다는 이날은 핼러윈과 묘하게 닮은 구석이 있다.

추석 하면 차례상 아니던가. 남편 가족의 명절 제사상은 어떤 생김새일지, 그곳에서 무엇을 해야 할지 상상하며 시댁으로 향했다. "저희 왔어요" 하고 인사하며 들어가 보니 거실과 부엌이 평소와 같았다. 음식도 제기도 없었다.

나중에야 알았지만 시댁은 명절 전통을 확고히 고수하는 집안에 속했다. 보통은 휴가를 즐기기 위해 앞당기거나 생략하는 성묘며 절 방문까지 꼬박꼬박 챙기고 있었으니 말이다.

오봉이 불교 명절인 만큼 '살생하면 안 된다'는 원칙도 지키고 있었는데, 평소와 같은 식사를 하되 생선과 고기를 넣지 않은 음식을 먹는다고 했다. '준비가 벌써 끝났나?' 알쏭달쏭한 얼굴로 서 있던 나는 시부모님 손에 이끌려 방으로 들어갔다.

그곳에 두 개의 불단이 놓여 있었다. 하나는 시아버지 가족의 불단, 하나는 시어머니 가족의 불단이라 했다. 한집에 살면서도 부부가 각자 자기 조상을 챙기는 독특한 광경이었다. 한국 제사를 집안의 큰아들이 잇는 것처럼, 일본 불단도 장자가 물려받는다. 하지만 둘째 아들인 시아버지와 딸인 시어머니가 각자 집안의 불단을 갖고 있으니 어딘지 일반적이지는 않았다.

불단은 자그마한 크기의 가구 같았다. 수납장처럼 생긴 문을 열면 돌아가신 가족의 위패가 옹기종기 모여 있다. 반드시 '조상'만 기리는 것은 아니다. 무지개다리를 건넌 고양이들 사진이 불단의 큰 부분을 차지했다.

이름도 얼굴도 모르는 먼 선조를 의무적으로 기리기보다는, 각자가 추모하고 싶은 누군가를 마음으로 추억하고 기억하기 위한 공간이다. 그래도 그렇지 고양이 제사도 함께 지낸다니. 이 역시 일반적인 경우는 아닌 것 같았다.

불단 위에는 작은 접시 하나가 놓여 있는데, 보통 때는 불단에 귤이나 양갱 하나씩을 올려 두고 가끔 다른 간식거리로 바꾼다고 했다. 오봉 같은 명절이면 밥과 된장국을 한 그릇씩 더했다. 이것이 명절 제사상의 전부였다.

제례도 따로 없었다. 향을 피우고 염주를 쥔 채 "나무아미타불, 나무아미타불, 나무아미타불" 세 번 읊으니 모든 의식이 끝났다. 상을 차리고 제사를 지내는 데 15분도 걸리지 않았다.

정말 이걸로 끝이란 말인가? 그럼 나는 집에 가도 되나? 명절 음식은 없는 걸까? 눈을 꿈뻑이며 남편에게 텔레파시를 쏘아대던 나에게 시부모님이 말을 걸었다. 생선 대신 오이를 넣어 만든 김초밥과 유부초밥을 준비했으니 밥 먹고 가라고.

일본의 설문조사 업체인 라쿠텐인사이트의 2020년 발표에 따르면, 일본 가정 중 명절 요리를 전부 구입해 먹는 집은 44.2%, 전부 만들어 먹는 집은 33.7%라고 한다.

생각보다 많은 집이 명절에 음식을 사 먹거나 외식을 한다. 사 먹는 과정에도 나름의 정성은 필요하다. 오봉은 비교적 간단하지만, 설 음식인 오세치는 한 달 전부터 여러 카탈로그를 비교해 주문을 넣어야 한다. 음식을 '만드는 정성'에서 '사기 위한 정성'으로 정성의 모양새가 변해 가는 것이다.

의무와 도리가 아닌, 개인의 선택으로 잇는 제사

알록달록 꾸민 스시를 먹으며 시아버지가 오봉에 얽힌 이야기를 풀어놓으셨다.

"어릴 때 할아버지가 해 주시던 얘기인데, 민지 씨도 한번 들어 봐. 오봉 첫날엔 대문 앞에 불을 피워. 그 불을 보고 조상이 집을 찾아 돌아오지. 둘째

날 아침 조상은 교토에 있는 후시미 이나리 신사로 여행을 간단다. 세상이 얼마나 변했나 구경 삼아 소풍을 가는 거야. 마지막 날엔 소금을 듬뿍 뿌린 밥과 된장국을 불단에 올려. 이제 돌아갈 시간이 됐다고 알리는 거야. 조상은 음식이 맛없다고 불평하며 원래 있던 곳으로 가겠지? 그때 또 한번 불을 피워 잘 가라고 배웅하면 오봉 명절이 끝나."

조상이 세상에 내려온 그 잠깐 사이에 여행을 간다니! 여행 가서 알아서 맛있는 걸 먹고 오신다니! 완전 내 취향이었다. 마지막 날엔 일부러 맛없는 밥을 만든다는 발상도 재밌었다. 그 조상들 사이에 고양이들도 끼여 있을 생각을 하니 푸흡흡 웃음이 났다.

노동의 힘겨움은 없고, 스토리가 있는 명절이었다. 이런 이야기를 하며 깔깔거리는 시간이 더없이 신선했다. 인도에서 무지개 빛깔 사리를 봤을 때 느낀 낯설고도 재미있는 일렁임. 딱 그런 기분이었다.

하지만 남편은 시부모님의 불단을 과거의 유물이자 허례허식이라 여겼다. "나는 불단 계승 안 할 거야. 우리 집엔 불단 놓을 자리도 없어!" 하는 밑밥을 오랫동안 깔아 왔다. 시부모님은 수긍했다. "싫으냐? 그래라" 하고 말았다. 장례식도 모바일로 여는 시대에 아들들에게 불단과 제사를 강요할 수 없다고 보았다.

실제로 많은 일본 젊은이들이 오봉을 긴 연휴 쯤으로 생각한다. 대문에서 불을 피우며 조상을 맞기보다는 해외여행을 떠나 이국의 공기를 만끽하는 쪽을 택한다. 충분히 이해가 간다. 노동 시간은 길고, 휴가는 짧은 아시아 국가에서 명절 연휴가 아니면 언제 쉴 수 있단 말인가!

그러면서도 한편으로는 입에서 입으로 전해져 내려오는 교토 여행 이야기가 마음에 들었다. "아이에게 어떤 이야기를 전하고 싶은가"를 생각했을 때, 시아버지께 들은 이야기를 해 주고 싶었다.

"아이에게 무엇을 경험하게 할 것인가"를 생각하면? 한국 추석과 일본 오봉을 두루 경험하게 해 주고 싶었다. 나는 문화 우익이니까!

복잡한 인도 요리도 직접 만들어 먹는 판에, 밥에 소금 뿌려 올리는 정도는 눈 감고도 할 수 있다. 그런 의미에서, 불단 제사라는 추모 방식이 나에게 부담이 되기는커녕 오히려 취향에 잘 맞는다는 결론에 이르렀다.

핼러윈은 사랑받는데 제사는 미움받는 이유

남편에게 슬그머니 말을 꺼냈다. 훗날 그 불단을 내가 계승하고 싶다고. 슈퍼에서 사과 한 알, 양갱 하나

사다 올리면 되니 대단한 품이 들어가는 것도 아니고, 부모님과 고양이들을 불단을 통해 기릴 수 있다면 그렇게 하고 싶었다.

불단에 올라가는 간식이 화과자 대신 한국 약과가 될 수도 있겠지. 미소시루 역시 한국 된장국으로 바뀔지 모를 일이다. 하지만 그건 그거대로 자연스럽고 재밌는 변화 아닌가. 시어머니 불단에 고양이가 있는 것처럼.

남편은 난색을 표했다. 그러다 한 가지 조건을 달았다.

“네 생각을 자녀에게 강요하지 않는다면.”

남편은 아들에게 불단을 계승하길 바라지 말라고 신신당부했다. 맞는 말이다. 나는 내 결정을 할 뿐, 자녀에게까지 “지금까지 내가 이렇게 불단과 제사를 이어 왔으니, 너희도 꼭 이렇게 해야 한다!”라고 밀어붙일 권리가 없다. 아이가 나와 같은 방법을 결정한다면 기쁜 마음으로 고개를 끄덕일 것이고, 다른 방법을 택한다면 수용하는 마음으로 고개를 끄덕일 것이다.

서구 문화에 잠식되어 가는 아시아 문화가 안타깝다면서 왜 전통 문화를 계승하는 일에 더 목소리를 높이지 않느냐고 물을 수도 있겠다. 하지만 내가 말하는 문화는 어디까지나 '향유'에 초점이 맞추어져 있다.

전통문화에 가족 구성원 일부를 강제로 복역시킨다면 그것은 더 이상 문화로서의 아름다움과 가치를 지니지 못하는 게 아닐까. 누구도 강요에 의해 희생되지 않고, 즐길 수 있어야지만 그 문화는 자생력을 갖고 널리 사랑받는다. 지금의 핼러윈처럼.

이제는 관혼상제 중 '혼'도, '상'도 전문으로 도맡아 주는 회사가 있다. 우리 부부 역시 혼례에 쓰일 대례복이며 족두리를 한 땀 한 땀 손바느질하지 않았고, 폐백상에 올릴 음식도 손수 만들지 않았다. 모두 전통혼례 전문 업체에 맡겼다.

"제사상에 올릴 음식을 어떻게 사서 올리니? 음식은 정성이야"라는 생각만 바꾼다면, '제'에도 분명 돌파구가 있을 것이다. 제를 준비하기 위한 절차는 전문가에게 맡기고, 전통 문화를 복역이 아닌 향유의 대상으로 바꾸는 것도 변화를 위한 한 가지 방법이 아닐까.

지난 설에 차례상은 원래 과일이나 송편 정도로 간소하게 차리는 것이 우리 전통이었다는 내용의 칼럼을 보았다. 명절 노동과 가족 갈등, 차례상의 간소화는 우리 사회에서 꾸준히 제기되는 문제다. 최근에는 실제로도 차례나 제사를 간소화하거나 생략하는 집이 늘어나고 있다는 걸 느낀다. 이 집 저 집 이야기를 들어 보면 결정적 계기는 조금씩 다르다.

제사를 완강하게 고집하시던 조부모님이 돌아가시면서, 준비를 도맡던 어머니 건강이 악화되면서, 제사를 물려받을 만한 장자가 없어서, 다양한 이유로 변화의 문 앞에 선다.

그렇게 큰 결단을 감행한 후의 모습은 어떨까? 명절 여행을 가족 공통의 취미로 삼기도 하고, 조상님 제사 대신 지금 함께하는 가족의 생일 축하 모임에 힘을 싣기도 한다. 제사를 꼭 잇고 싶은 집에서는 절에 맡기기도 하고, 포트럭 파티처럼 음식을 나누어 준비하되 구입할지 만들지는 각자에게 선택권을 주기도 한다.

돌아가신 누군가를 추모하는 방법에는 여러 가지가 있을 것이다. 중요한 건 형식을 강요하면 할수록 추모의 본질도, 산 자들 사이의 마음도 멀어진다는 점이다. 우리에겐 더 많은 상상력과 의견 교환이 필요하다. 내가 개인적 취향에 기반해 불단이라는 추모 방법을 선택한 것처럼, 더 많은 이들이 각자가 선택한 방법으로 그리운 이를 추모할 수 있으면 좋겠다.

13. 시어머니에게서 엽서가 왔다

안부 연락은 며느리의 도리이자 역할일까?

"아빠, 나다. 밥 묵었나?"

"어, 묵었지. 니는?"

"나도 묵었다."

"맞나? 알겠다. 별 일 없제?"

"어, 없다."

"그래, 끊는다."

위 대화문은 경상도 부녀가 안부를 묻고 답하는 정다운 장면을 담고 있다. 결혼 전부터 우리 아버지와 내 통화 시간은 최장 20초를 넘기지 않았다. 누가 먼저 걸든 마찬가지였다.

정말로 취식 여부를 확인하기 위한 것은 아니다. 잘 지내는지 궁금해 전화를 하고 싶지만 이렇다 할 얘깃거리가 없어 밥을 소환한 거다. 비록 통화 시간이 짧기는 하지만 밥 핑계를 대어서라도 전화를 했으니 어찌 정답지 아니하리. 게다가 이 연락은 의무가 아니었고, 안 해도 괜찮지만 하면 더 좋은 무언가다.

아빠와 내 통화 장면을 목격한 사람들은 "전화를 왜 하다 말고 끊어? 그게 끝이야?" 하며 와하하 웃었다. 결혼한 선배는 이런 말도 했다.

"좋을 때다. 그런 통화도 네 부모라서 할 수 있는 거야. 나도 우리 아빠한텐 그랬거든. 그런데 결혼을 하니까 남편 집에 일주일에 한 번은 전화해야 하더라고. 같은 말도 살갑게 해야 하고. 아무튼, 연락 자주 드리는 게 제일 큰 숙제야."

연애하는 커플에게 연락의 빈도가 사랑을 측정하는 지표라면, 고부 사이에서는 도리를 잘 하고 있는지 확인하는 수단 같다고 했다. 선배 말이 끝나자, 안부 전화만 하면 됐던 과거와 달리 요즘은 단체 대화방에서도 활발한 소통을 해야 한다는 경험담이 여기저기서 터져 나왔다.

가족 대화방에 있는 사람들이 내 부모, 내 자매

라면 가벼운 마음으로 오가는 대화가 즐거울 수도 있겠다는 생각이 들었다. 하지만 배우자의 부모, 형제와 24시간 연결되어 있어야 한다면? 그래서 자녀 양육 방법이나 저녁 메뉴 선정에 대한 세세한 코칭을 들어야 한다면? 독립된 가정 꾸리기도 바쁜 개개인이 원가족에 소속되어 있다는 것까지 증명하느라 이중고를 겪을 것 같았다. 나는 과연 시댁 대화방을 친구들 대화방처럼 편하게 생각할 수 있을까?

덜컥 겁이 났다. 사실 나는 친구들과도 활발한 소통을 하지 못하는 편이다. 서로 나누고 싶은 이야기가 쌓였거나 여유 시간이 맞으면 긴 수다를 떨기도 하지만, 아침에 눈 뜰 때부터 밤에 눈 감을 때까지 소소한 일상을 나누는 형태의 연락은 어렵다.

친구에 대한 진심이 부족해서는 아니다. 그저 핑퐁처럼 오가는 연락에 곧바로 응답하면서도 일의 집중력을 유지하는 멀티태스킹 능력이 떨어질 뿐이다. 아, 현대인 노릇 하기 참으로 힘든 인간 유형이라 할 수 있다.

다행히 동등한 관계에 놓인 친구들과는 서로의 연락 방식을 맞추어 가는 게 어렵지 않다. 내가 연락에 집중할 수 있을 때 '선톡'을 하고, 친구들도 낮보다는 저녁 시간에 연락하는 식으로 소통을 잘 하기 위한 소통을 한다.

이런 내 특징을 아는 가족 역시 “얘가 또 뭐 하느라고 바쁜가 보다” 하며 무소식을 오해 없이 받아들이지만, 결혼으로 맺어진 가족도 그러하리라는 보장이 없었다. 무엇보다 걱정스러웠던 건 안부 전화가 며느리 몫이라는 은근한 분위기였다.

2010년 여성가족부가 연구한 가족실태조사에 따르면 부모와 떨어져 사는 한국 여성의 38.4%가 시부모와 일주일에 한 번 이상 교류하고 있다고 한다.

그런 분위기는 마음속에 서서히 스며들어, 나조차도 나를 걱정하게 만들었다. ‘내가 결함이 있는 건 아닐까. 시부모님이 내가 할 수 없는 것을 요구하면 어떡하지. 결혼이라는 제도는 나랑 안 맞나 봐.’

잦은 안부 연락은 효를 표현하는 수단이며, 가족 관계를 유지하기 위한 소통은 여성 가족원이 맡는다는 집단 통념을 내재화한 결과였다.

안부 전화가 없어도 가족애는 있다

그러나 모두가 우려한 상황은 일어나지 않았다. 시부모님과 남편의 성격이 나와 비슷해서였다. 개인주의 성향이 다분한 시부모님은 나를 ‘아들의 배우자인 민지’로 대할 뿐, 딸이나 며느리로서의 도리를 요구하지 않았다. 연락 문제도 그랬다. 아들들과는 안부 전화를 주고받지만 며느리들에게 연락을 바라거나 단체 대화방에 초대하는 일은 없었다.

행여나 "아버지, 저예요"라고 전화를 걸었다간 "그래, 무슨 일로 전화했니?"라는 답이 돌아왔다. 전화는 명확한 용건이 있을 때만 하고 받았으며, 연락 빈도로 며느리의 됨됨이나 예의를 측정하지 않았다.

그렇다고 해서 마음까지 오가지 않는 건 아니었다. 신혼 때부터 두어 달에 한 번쯤, 남편 손에 엽서가 들려왔다. 시부모님이 만든 식빵이나 피클 같은 것이 따라올 때도 있다. 작년 여름, 병원 신세를 진 시어머니는 퇴원 직후 이런 엽서를 보내오셨다.

민지 상에게.
퇴원 축하 꽃다발 고마웠어요. 예쁜 꽃을 보니
기분이 좋아져 감동했답니다. 이런 꽃다발은 처음
받아봤어요. 여러 가지로 신경 써 줘서 고마워요.

육아에 지친 우리를 위로하는 엽서도 있다.

민지 상에게.
요즘 아이 크는 속도를 보면 놀랍지요? 너무 잘 크고

있어서 대단하다는 생각이 들어요. 하지만 아빠 엄마는 몸이 힘든 시기일 거예요. 조금 더 크면 한결 나아질 테니 그때까지 같이 힘을 내 봐요.

엽서에 적힌 짧은 메모 아래엔 언제나 시어머니의 이름이 적혀 있다. 친구에게 쓰는 편지의 마지막 인사를 '민지가'라고 마무리하는 것처럼.

이런 엽서를 받을 때면, 시부모님은 내가 모셔야 하는 윗사람이 아니며 가족 안에서 동등한 개인이라던 남편의 말을 실감한다.

답장을 쓰는 마음에도 부담이 없다. 길을 걷다 예쁜 그림이나 사진이 새겨진 엽서를 발견하면 한두 장쯤 사 와서 책꽂이 선반에 올려 두고 한참을 감상한다. 그러다 답장을 써야 하는 날이 오면 그 엽서 뒷면에 글씨를 꾹꾹 새겨 보내는데, 내가 고른 바로 그 엽서를 받는 사람도 마음에 들어 할 때 같은 걸 공유하고 좋아하는 데서 우러나는 진한 기쁨이 있다. 특히 그 엽서들이 시댁 주방 한쪽 벽면을 장식하고 있는 걸 보면, 잦은 안부전화는 없지만 서로가 삶의 중요한 일부라는 사실을 마음으로 느낀다.

70대지만 아이폰과 아이패드를 장착한 시부모님은 전화나 메시지를 보내려면 얼마든지 할 수 있다.

이런 환경에 엽서가 오가는 상황이 처음에는 낯설었지만, 해를 거듭할수록 '전화는 용건이 있을 때만, 가끔 쪽지나 엽서 보내기' 식의 소통이 마음에 든다.

엽서는 즉시 응답해도 되지 않는 통신 수단이다. 일주일쯤 묵혔다 시간 날 때 답해도 괜찮다. 쌓여가는 가족 대화방의 채팅 수를 보며 곧바로 응답해야 한다는 압박을 느끼지 않아도 된다.

반드시 필요한 말만 오간다는 점도 좋다. 손바닥만 한 엽서 앞에 펜을 들고 있노라면 이 종이에 반드시 새겨야만 하는 말을 고르고 고르게 된다. 나의 마음, 상대방의 마음, 전하고 싶은 말을 두루 고려하다 보면 꼭 필요한 알맹이만 남는다.

가장 좋은 건 두고두고 간직할 수 있다는 점이다. 전화나 메시지로 오가는 대화는 금세 증발되기 마련이지만 네모반듯한 작은 종이는 일종의 기록물이다. 그동안 오간 말들을 들춰 보면 그때 그 계절로 이동한 기분마저 든다.

외국인 남편이 처가댁과 소통하는 방법

골똘히 남편을 관찰하니 그도 안부 연락 문제로 골머리를 앓고 있지는 않다. 사위에게는 관대한 여느 집들처럼 "일 하느라 정신 없고 먹고 살기 바쁠 텐데,

때 되면 연락 오겠지"라고 생각하는 경향이 있어서인지도 모르겠다.

시부모님과의 소통이 엽서로 이루어진다면 한국 가족과의 소통 방식은 영상 통화다. 동네 사람들에게 "결혼해서 외국 산다는 애가 서울 사는 애들보다 집에 더 자주 오네? 말년 병장 휴가 오듯이?"라는 농담을 들을 정도로 한국에 자주 가지만, 중간중간 얼굴 보며 이야기하고 싶은 날이 왜 없겠는가. 주말이나 휴일에 시간 맞춰 영상 통화를 걸면 으레 이런 대화가 이어진다.

"핫서방, 밥 먹었어요?"

"네, 정말 맛있었어요. 장모님도 밥 먹었어요?"

"그럼요. 별일 없지요?"

"네, 없어요."

어디서 익히 보던 장면이다. 내가 엽서로 하는 소통에 서서히 익숙해지는 것처럼, 남편도 '밥 먹었어요?'라는 한국어를 배워 인사로 사용하게 된 거다. 새삼 놀라워 하는 찰나 어디선가 아이가 등장한다. 애 얼굴이 화면 지분 대부분을 차지해 버리고, 남편과 나는 엑스트라. 아니, 거의 벽지나 배경과 다를 바 없는 신세가 되어 화면 밖으로 페이드아웃 한다.

매번 정신없이 끝나 버리는 연락이 아쉬웠던 걸

까? 남편이 굳이 아날로그식을 고집하며 한국에 연락을 취할 때도 있다. 새해다. 일본에는 가까운 사람에게 연하장 엽서를 보내는 문화가 있는데, 남편은 한국에도 꼭 엽서를 보내야 한다고 주장해 왔다.

"꼭 한국에까지 보내야겠어? 그냥 생략해도 되지 않을까?"

"그래도 보내고 싶어. 10년 후, 20년 후에 쭉 모아서 펼쳐 놓으면 가족의 역사가 보일걸. 너랑 나랑 하고 싶은 말 쓰고, 아이한테도 한 문장 쓰라고 하자. 지금은 글을 모르니까 그림을 그려야겠지만."

한국에 보낼 연하장을 쓰고 보니 영상 통화와 자필 메시지는 미묘하게 달랐다. '새해 복 많이 받으세요. 늘 행복하고 건강하시길!' 하는 메시지를 눌러 담은 그의 한글 손글씨에는 멀리 사는 사위의 진심이 담겨 있었다.

가족들 반응은? "연하장 왔네. 뭘 이런 걸 다 보내노?" 하면서도, 거실 한 편 명당 자리에 연하장을 떡하니 세워 놓았다. 이 말과 행동을 번역하자면 "연하장을 보내 줘서 정말 고마워요"라는 의미다.

우리가 원하는 가족, 우리가 원하는 소통

양가와의 소통을 한 단어로 표현하자면 '알콩달콩'이

아닐까. 신혼부부에게나 어울릴듯한 알콩달콩이 어찌 이 상황에 쓰일까 싶지만, 연락이 부담스러운 숙제가 아닌 애정 담긴 교류라는 점에서 이보다 더 정확한 표현은 없다. 소통이 일방적으로 요구하거나 요구받는 무언가가 아니라, 구성원의 자발적 의지에 따라 자연스레 이루어지기에 가능한 일이다.

지금까지 우리는 '결혼은 상대 집안의 일원이 된다는 뜻이며, 시어머니는 직장의 직속 상사, 며느리는 신입 사원이다'라는 공공연한 인식 속에서 살아왔는지도 모르겠다.

나에게도 스며들었던 그 인식에 문득 의문이 든다. 신입 사원에게도 워라밸이 있는 세상에 어찌하여 며느리는 휴가도 퇴근도 없이 소통을 업무처럼 수행해야 하는가? 우리가 원하는 가족의 모습은 직장 상사와 신입 사원 같은 관계인가?

'시어머니' 자리에 '장인어른'을, '며느리' 자리에 '사위'를 넣어도 마찬가지다. 소통을 일주일에 한 번 의무로 처리해야 할 업무로 만든다면, 친밀하고 가까운 가족 관계를 만들기는 더욱 어려워진다.

가족의 변화를 연구하는 사람들은 앞으로의 가족이 우정에 기반한 수평적 형태로 변모해 갈 것이라고 말한다. 위계 서열이 완화되고, 구성원이 어깨

높이를 맞추어 나간다는 뜻이다.

변화 속에서 더 나은 방향을 찾아 나갈 가족의 모습을 상상해 본다. 보고 싶고 생각날 때 연락을 하고, 진심으로 서로의 안부를 묻고, 상대의 입장을 고려하며 마음 다해 대화를 나누는 그런 가족. 앞으로의 개개인이 만들어 나갈 가족의 모습은 그런 형태가 아닐까.

14. 마흔까지 싱글이었던 남자가 결혼을 했을 때

뜻밖의 연애에 대한 경위서

태국의 작은 섬. 엄마와 나는 덜컹이는 썽태우에 실려가고 있었다. 스노클링 업체가 보내온 썽태우는 참가자들을 선착장으로 부지런히 실어 나르던 참이었다. 옥색 바다에 뛰어들 상상에 들뜬 나는 얼른 배를 타고 싶어 마음이 분주했다.

그런데 다음 숙소에서 나타나야 할 사람들이 코빼기도 보이지 않는 것이었다! 썽태우 기사는 속이 타고, 승객들은 애가 탔다. 이대로 가다간 출항 시간을 맞출 수 없을 것 같아 초조함이 밀려왔다.

초조함이 분노로 승화되려던 찰나, 문제의 손님

들이 나타났다.

“도대체 누군지 얼굴이나 보자!”

고개를 돌리니 두 남자가 보였다. 승차 시간을 잘못 전달받았다며, 미안하다 사과하는 그들 중 한 명에게 자꾸만 눈길이 갔다. 그토록 고대하던 바다에 닿은 후에도 나는 보라는 물고기는 안 보고 그 사람을 곁눈질했다. 온종일 염불보다 잿밥에 눈독을 들이는 사이 뱃머리는 다시 선착장을 향하고 있었다. 이제 한 시간 후면 모두 뿔뿔이 흩어질 텐데, 어떻게 할 것인가?

엄마가 꾸벅꾸벅 졸고 있는 절호의 찬스를 이용해 그에게 슬쩍 접근했다. 난간에서 바다를 보던 그는 인기척에 화들짝 놀란 기색이었다. 가뜩이나 놀란 그에게 아무 말 대잔치를 했다.

“아까부터 너 되게 귀엽다고 생각했는데, 우리 나중에 맥주 한 잔 하지 않을래?”

다시 생각해도 이불킥 하고 싶은, 인생 최대 흑역사급 멘트였다. 그도 어이가 없는지 넋을 놓고 웃어 댔다. 다행히 싫지는 않은 눈치였다.

하이난이나 홍콩 같은 중국 남방계 사람인가 했는데 일본인이라 했다. 같이 여행 온 사람은 둘째 형이라는 말도 덧붙였다(장차 가족이 될 줄이야!). 초면에

미안하지만 나이는 어떻게 되냐고 물으니, 내 나이보다 열 손가락을 훌쩍 뛰어넘는 숫자를 말하는 것이 아닌가. 당황스러워서 나도 모르게 아무 말 대잔치 2탄을 연발하고 말았다.

"와, 나이가 정말 많으시네요! 우와, 진짜 너무 많으시네요!"

말한 자는 '아 이게 아닌데…, 망했다…!' 하고 눈을 질끈 감았고, 들은 자는 아까보다 더 큰 목소리로 껄껄 웃었다.

"그러면 결혼했을 수도 있겠네요. 아까 맥주 마시자고 해서 미안해요! 그럼 안녕!" 하고 줄행랑을 치려는데, 자신이 미혼이라는 사실을 거듭 강조하는 것이 아닌가. 그러면서 연락처와 SNS를 알려 주었다.

"형이랑 저는 내일 이 섬을 떠나요. 방콕으로 가려는데 혹시 방콕 오면 연락해요. 일주일 정도 머물 거예요."

며칠 후 엄마와 나도 방콕으로 향했고 그와의 첫 데이트를 했다. 아무리 모녀 여행이라지만 딸의 데이트까지 동행할 수 없었던 엄마는 혼자 방콕을 여행했다. "낯선 도시에서 혼자 괜찮을까?" 하는 우려와 달리, 현지 미용실에 들어가 머리까지 하고 와서 나를 놀라게 했다. 어쨌든, 그와 내가 연애라는 걸 하게 된 경위는 이러했다.

그가 결혼하지 않은 이유

나도 선입견에서 자유롭지 못한 인간이라는 것을 그 때 알았다. '30대 후반이면 결혼했을 테니 얼른 이 자리를 떠야겠다'라고 생각한 걸 보면. 그러면서도 여전히 궁금했다. 그는 왜 결혼하지 않았던 걸까? 그의 말은 이랬다.

마음이 맞는 사람과 연인이 되기도 했지만 결혼을 하기는 망설여졌다. 흔히 말하는 '적령기'가 되었다는 이유나, 친구들이 다 한다는 이유만으로는 무언가 충분치 않았다. 그렇다고 해서 '결혼 결사 거부'까지는 아니었다. 정말로 결혼하고 싶은 사람이 생기면 할 수도 있지만, 결혼을 위한 결혼은 하고 싶지 않더라는 것이었다.

그리하여 그는 친구들이 한 번 다녀오고, 두 번 다녀오고, 많게는 세 번도 다녀오는 동안 오래오래 싱글의 삶을 즐겼다. 고양이와 동거하며 시간과 돈을 취미에 썼다. 꽤 만족스러운 날들이었다.

결혼식장에서는 꽃으로 장식된 길을 걸었지만, 얼마 지나지 않아 가시밭길을 걷는 친구들을 보며 두려워진 탓도 있었다. 그들은 "넌 절대 결혼하지 말고 자유롭게 살아!" 하고 진지하게 충고했다.

아이 둘셋을 낳아 키우는 모습을 보며 부모로서의 책임감도 간접 체험했다. 그 책임감이란 언뜻 보기에도 아주 크고 무거운 것이어서 마음의 준비 없이 짊어지기 겁이 났다.

게다가 부모님은 세상 자유로운 개인주의자. 결혼하지 않는 자식들에게 압력은커녕 가벼운 권유조차 하지 않았으니, 싱글로 살기 편한 환경이었다. 그가 결혼하지 않은 이유를 들으며, 일본이나 한국이나 마찬가지라는 생각을 했다. 나 또한 이와 비슷한 이유에서 굳이 결혼을 선택하지 않아도 된다고 생각해 왔으니까.

그런 그에게 잔잔하고 평온한 혼자만의 일상은 확실한 행복인 반면 결혼은 예측 불가능하며 불확실한 변수였다. 이보다 더 좋을 수도 있지만 나쁠 수도 있는 도박과 같았다. 그렇게 싱글의 소확행을 만끽하며 마흔에 가까워졌을 때, 새로운 등장인물인 내가 나타났다.

그럼에도 그가 결혼한 이유

나는 "쟤 저래서 시집은 가겠나?"에서 '쟤'를 맡고 자랐다. 왜인지는 잘 모르겠다. 아마, 어른들 앞에서도 슬그머니 자기주장을 드러낸다는 점이나, 그냥 "네" 하고 넘어갔으면 하는 일에 굳이 "이건 왜 그래요?", "저건 왜 그래요?" 하고 쫑알대는 꼴이 '좋은 신붓감' 같진 않았나 보다.

유일한 취미인 여행만 해도 그랬다. 방학마다 배낭 메고 훌러덩 날라 버릴 때면 "그래, 그것도 다 한때다. 결혼하고 여행 간다고 하면 누가 좋아하겠어"라는 친척들의 음성이 자동응답기처럼 재생됐다.

"그러면 결혼 안 하고 말지 뭐" 하고 씩씩한 척 했지만 실은 서운하고 외로웠다. 결혼을 못 할까 봐가 아니라, 있는 그대로의 나를 수용해 줄 사람이 세상에 없을 거란 얘기 같아서.

머리가 커 가면서 마음도 더욱 단단해졌다면 좋았겠지만 그 반대였다. 점점 의견이 있어도 없는 사람처럼 입을 꾹 다물었다. 연장자의 말에는 무조건 웃으면서 "네" 하고 답했다. 스물다섯이었던가, 할아버지 장례식에 온 친척에게 "비싸게 쳐줄 때 얼른 시집가. 한 살이라도 어릴 때 가야 잘 간다"라는 놀라운 소리를 들으면서도 해야 할 말을 하지 못했다.

두 인간은 그런 경험담을 나누며 쉴 새 없이 맞장구를 쳤다. 나는 그를 '마흔이 되도록 결혼하지 않았으니 어딘가 문제가 있는 사람일 것'이라는 시각으로 보지 않았다. 그도 내가 어른들 말씀에 별로 고분고분하지 않다는 것을, 현모양처와는 거리가 멀다는 것을 눈치챘을 것이다. 하지만 그런 면을 흠이 아닌 장점으로 여겼다.

나라는 사람을 생긴 모습 그대로 받아들여 준다는 것, 신붓감으로서의 내가 아니라 나로서의 나를 인정받는다는 것은 기쁜 일이었다. 서로가 가진 가치관의 모양새가 닮아 있고, 원하는 삶의 방향이 같은 곳으로 나 있다는 것도 인간 대 인간으로 반가운 일이었다.

누가 먼저랄 것도 없이 자연히 "이 사람과 같이 나이 들어가면 좋겠다"는 마음이 생겨났다. 그에게 결혼의 '시기'는 중요하지 않았다. 말하자면, '언제'보다 '누구와'가 더욱 중요한 화두였다고 할까.

그 '누구'란 파트너를 개인으로 존중할 수 있는 사람을 뜻했다. 두 사람이 결혼이라는 문으로 들어서면서 역할이라는 새로운 옷을 입게 된다 하더라도, 그 옷의 무게에 눌려 '나'를 잃지 않도록 함께 보살피는 사람. 그에게 결혼은 그런 사람과 함께 살아가기 위한 방법이었다.

그렇다고 해서 꼭 '결혼'까지 할 일은 아니었을지 모른다. 세상에는 결혼이 아닌 다양한 방식으로 관계를 유지하는 사람이 있고, 중요한 것은 형식이 아닌 함께하는 시간이라 생각했으니까. 문제는 두 인간의 국적이 다르다는 데에 있었다. 유럽이나 미주, 대양주에는 파트너 비자가 있다. 꼭 혼인신고서를 쓰지 않더라도, 두 사람이 동거를 통해 관계를 이어가고 싶다면 그 의사를 인정한다. 하지만 한국과 일본은 관계의 기준을 오로지 결혼 여부에 두고 있다.

그와 나는 양극단 사이에 놓였다. 관광 비자냐 배우자 비자냐. 중간은 없었다. 한동안 '관광객'으로 관계를 이어가던 우리는 결국 혼인신고서를 쓰고 '배우자'를 선택할 수밖에 없었다. 제도가 요구하는 관계에 우리를 끼워 맞춘 거였다. 결혼이라는 제도에 의문을 가지고 있던 사람들 치고는 싱거운 선택이었다.

비혼의 시대에 기혼으로 사는 법

결혼이 필수가 아닌 시대에 누군가의 배우자가 된다는 것은 어떤 의미일까? 서로를 가시밭길로 초대하지 않기 위해서는 어떻게 해야 할까? '결혼하고 싶지 않았던 이유'를 하나하나 제거해 가며 두 사람 모두에게 편안한 길을 만들 수는 없을까?

이왕 한 결혼, 너한테도 좋고 나한테도 좋은 쪽으로 살아 보자고 생각했다. 우리는 이야기하고, 이야기하고, 또 이야기했다. 처음에는 추상화처럼 두리뭉실하던 형태가 점차 구체적인 세밀화로 변해 갔다. 그와 내가 그린 모습은 이러했다.

첫째, 완벽한 남편, 아내 역할을 요구하거나 기대하지 않는다.

밥벌이 하나만 하고 살기에도 벅찬 것이 현대인이다. 제 몸 하나 건사하기도 버거운 시대에 누구 하나가 '가장'이 되어 가정을 이끌고, 다른 하나는 '주부'가 되어 남편과 아이를 보살피기란 쉽지 않다. 맞벌이라면 '일-가사-육아'에 치여 내가 누구랑 결혼했는지도 잊어버릴 정도의 정신 상태가 되기 쉽다.

우리는 '할 수 있는 역할을 할 수 있는 만큼' 하기로 했다. 일보다는 육아에서 재미를 느끼는 그가 아이의 주양육자가 되었다. 반면 가사는 내 비중이 높다. 특히 요리가 그러한데, 내 한식 입맛을 충족시킬 사람은 나밖에 없기 때문이다. 그러니 서로 "아빠 육아도 중요하지만 주양육자는 엄마여야지"라거나, "둘이 같이 돈 버는데 나 혼자만 밥하냐?", "일본에 살기로 했으면 일식 좀 배워" 같은 요구는 하지 않기로 했다.

물론 그마저도 파업 선언을 하고 싶을 때가 있

다. 휴일이면 느지막이 일어나 커피를 내리며 여유를 부리던 싱글 때와 달리 어린아이를 둔 집은 연중무휴 우당퉁탕이다. 새벽부터 정의의 히어로에게 혼쭐나는 괴물 역을 맡는 것에 충분히 익숙해졌지만, 아이와 아옹다옹 씨름하기 유난히 힘겨운 날이 있다. 요리도 그렇다. 혼자였다면 아무거나 대충 먹고 치웠을 텐데 뭐라도 만들어 내야 한다는 부담감이 유독 무거운 날이 온다.

그럴 때는 서로의 파업과 휴가를 강력히 지지한다. 하루라도 집 밖에서 자고 올 수 있도록 저렴한 비즈니스 호텔이라도 예약해 주거나, 주머니를 털어 용돈을 쥐여 주며 어디서 먹고 싶은 거 먹고 오라고 등을 떠민다. "남편이니까, 아내니까 그 정도 역할은 당연히 해야지"라는 시각보다는, "이 사람이 나랑 결혼 안 하고 싱글로 살았더라면 이 고생 안 했을 텐데" 하는 시선으로 서로를 측은하게 바라보는 것이 포인트다.

둘째, 친밀한 베스트 프렌드처럼 산다.

가족과 분리된 자신만의 시간을 가지면서도 부부가 함께하는 시간을 반드시 만든다. 일주일에 하루, 집 앞 카페라도 가서 둘만의 데이트를 하는 거다.

물론 방콕에서의 긴장되고 설레던 데이트와는 결이 다르다. 가장 가까운 친구를 대하듯 요즘은 무슨 생각을 하고 사는지, 별다른 고민이나 걱정은 없는지 무엇이든 말하고 듣는 시간을 가진다. 대표적인 예가 바로 이 글이다. 쓰는 모든 글을 남편에게 보여 주며 내가 표현하고 싶은 것이 무엇이고 그의 생각은 어떠한지를 묻는다. 크게는 글의 소재부터 작게는 동네 길냥이의 안부까지 모든 것이 수다거리다.

이런 시간을 만드는 것도 쉽지는 않다. 어린이집 입소가 상대적으로 쉬운 한국과 달리 일본은 영유아 가정보육을 기본으로 한다. 출생 후 3~4년간은 캥거루나 코알라처럼 부모와 아이가 한몸이 되어야 하는 것이다. 유치원에 들어가면서야 간신히 얻은 어른들만의 시간. 30분이든 한 시간이든 한바탕 이야기를 쏟아 내고 나면 이 사람이 단순히 생활을 같이 하는 상대가 아닌, 생의 동반자라는 느낌이 되살아난다.

셋째, 원가족과 일정한 거리를 둔다.

그에게는 그의 가족이, 나에게는 나의 가족이 있다. 뿌리와도 같으니 소중히 여기는 것이 맞지만, 그렇다고 해서 원가족에게 필요 이상의 지분을 주지 않는다.

결혼을 하며 놀란 것은 가족과 일가친척이 우리의 결혼 생활에 생각보다 관심이 많더라는 것이다. 남편과 내가 돈 관리는 어떻게 하는지, 경제권은 누가 쥐고 있는지, 양가 부모님 용돈은 적절한 시기에 적정한 만큼 드리고 있는지, 육아에 있어서 아이가 기저귀를 떼거나 한글을 습득하는 속도가 늦지는 않는지, 둘째는 언제 낳을 것인지, 첫째와 둘째의 나이 차이가 너무 벌어지고 있는 것은 아닌지, 고양이는 언제까지 키울 것인지 등의 소재가 골고루 도마에 오른다.

어른들 말씀을 새겨듣는 것도 중요하지만, 부부의 의사결정권에 개입하는 건 곤란하다. 배우자와 내가 불필요한 스트레스를 받지 않도록 원가족에게 부부의 의사를 꾸준히 밝혀 둔다.

이를테면 아이 없던 신혼 시절, 남편의 친척이 나에게 취업을 권유한 적이 있다.

"집에 돌봐야 하는 아기가 있는 것도 아닌데 왜 일은 안 하는 거야? 아이 태어나면 돈 들어갈 일이 많아지니 지금이라도 맞벌이를 하는 게 좋을 수도 있어. 외국인도 일할 수 있는 곳이 아주 많으니까 취업이 어렵지는 않을 거야."

현실을 고려한 일리 있는 조언이기는 했지만 외

벌이를 할 것인지 맞벌이를 할 것인지, 맞벌이를 한다면 언제부터 할 것인지, 일을 하고 안 하고의 기준을 아이가 있고 없고에 둘 것인지는 우리가 결정해야 할 문제였다. 남편은 의사를 뚜렷하게 밝혔다.

"지금은 새로운 환경에 적응하는 게 제일 중요한 업무야. 급하게 일자리 찾다가 외국인들 착취하는 블랙 기업에 가면 어떡해? 일에도 타이밍이 있을 테니까 걱정하지 않아도 괜찮아."

때를 기다린다는 우리 의사에 더는 충고나 권유가 없었고, 나는 일에 대해 충분히 생각할 시간을 벌 수 있었다.

우리가 한 것은 역할과 도리라는 옷에 서로를 끼워 맞추는 결혼이 아니었다. 두 개인이 자기 자신을 잃지 않고, 지켜 나가도록 돕는 하나의 팀을 이루는 결혼이었다.

결혼이 족쇄가 되지 않으려면

심리학자 오토 랭크는 〈차이 심리학(A psychology of difference: The American lectures)〉이라는 저서에서 관계를 '한 개인이 다른 개인의 인격을 너무 많이 침해하지 않고 다른 개인이 발전하고 성장하도록 도움을 주는 사회적인 연결'이라 정의했다. (엘리 핀켈 저, 허청아, 정삼기 역, 〈괜찮은 결혼〉에서 재인용, 지식여행, 2019) 남편과 내가 만들고 싶은 관계도 바로 이런 모습이다. 그렇다면 우리는 과연 서로의 인격을 침해하지 않고, 성장을 도우며 살고 있을까?

문득 궁금해졌다. 남편이 결혼을 후회하지는 않는지, 지금의 삶이 족쇄처럼 느껴지지는 않는지. 그는 말했다.

"즐겁게 감당할 수 있는 정도의 '적절한 속박'은 문제될 게 없더라고. 개인의 자유와 적당한 속박의 황금비율을 찾아가는 거지. 물론 적당함의 정도라는 건 부부 당사자가 의논해서 정해야 하는 것 같아. 남들이 '너는 가족에 대한 헌신과 속박이 부족해 보여. 결혼했으니 지금보다는 더 속박해야지!'라고 말하지 않는다면, 결혼 생활도 나쁘지 않아."

그와 나는 여전히 결혼을 위한 결혼을 해야 한다거나, 결혼에는 때가 있다는 말에 맞장구를 치기 어렵다. 결혼이라는 제도에 속하든 속하지 않든, 개인과 개인이 민주적인 관계를 맺으며 살아가는 것이 더욱 중요하다고 생각해서다. 사회가 제도의 품을 활짝 열어 다양한 관계를 너그러이 수용해 줬으면 하는 마음도 있다. 관광객과 배우자 비자 사이에서 선택권이 없던 우리처럼 누군가는 여전히 마찬가지의 어려움에 노출되어 있을 것이다.

이런 바람과 동시에, 결혼을 선택한 사람들도 당사자가 원하는 결혼의 모습을 새로이 만들어 가며 살 수 있으면 좋겠다. 젊은이들에게 주어진 “어떤 관계를 맺으며 살고 싶습니까?”라는 질문지에서 ‘결혼’이라는 선택지가 탈락 위기에 처한 것은 우연이 아니다. 다른 누구도 아닌 두 개인이 결혼생활의 주인공이 되어 기존의 문제점을 하나하나 제거하며 살 수 있다면, 결혼은 비혼이나 동거와 더불어 한 번쯤 고려해 볼 만한 선택지 중 하나가 되지 않을까.

15. 부부가 개인 의견만 내세우면 싸움 나지 않느냐고요?

개인주의 할 거면 왜 결혼하셨나요

학창 시절엔 학년이 올라가고 반이 바뀔 때마다 새로운 친구가 생겼다면, 성인이 된 후에는 어쩌다 환경이 변할 때 새로운 사람을 만난다. 동호회에 가입하거나, 이직을 하거나, 이사를 가는 크고 작은 변화와 함께 관계가 더해진다. 그동안 알지 못했던 사람과 이야기를 나누는 건 재밌는 일이지만, 한편으로는 나를 어디서부터 어디까지 설명해야 할지 몰라 어렵게 느껴지기도 한다.

갈은 내용의 대화를 해도 오랜 친구들은 그 말이 나온 배경이나 상대의 가치관, 과거 사건 등과 연결지어 보다 깊은 맥락을 이해한다. 하지만 새로이 사귄 친구들과는 말의 배경이며 상대방의 생각을 충분히 알지 못해 오해를 겪기도 한다. 그런 과정을 거치며 관계의 역사가 쌓이는 것이겠지만 처음 한동안은 가벼운 수다도 시행착오를 겪는 느낌이다.

결혼을 하고 일본에 처음 왔을 때, 우연히 가까이 사는 한국인 주부를 알게 됐다. 갓 결혼한 신혼이라는 공통점이 있어 한참이고 결혼 이야기를 나눴던 것 같다. 새댁스러운 대화였다. "남편이랑 결혼하니까 어떤 게 좋아요?", "남편하고 어떤 점이 잘 맞아서 결혼했어요?" 같은 말이 오간 걸 보면.

주거니 받거니 이야기를 나누다 무심코 "저희가 둘 다 개인주의 성향이 있어서 그런 점이 잘 맞아요"라고 말했는데, 그는 이 말에 적잖이 당황했다.

"개인주의 할 거면 왜 결혼하셨어요?"

이번에는 내 쪽이 당황했다. 뭔가 오해가 있는 것 같았다. 변명이라도 하듯 '아, 그게 아니고요'라 답하며 긴 설명을 덧붙였지만, 아마 첫 만남에 나누기 적절하거나 재밌는 화제는 아니었을 것이다. 그럼에도 이야기를 차근차근 들은 그는 연이어 물었다.

"그럼 부부가 개인 의견만 내세워서 많이 싸우시겠어요."

또다시 장황하게 '아, 그게 아니고요' 2절을 늘어놓기 멋쩍었던 나는 "개인주의라고 개인 의견만 내세우는 건 아니에요. 그렇다고 저희가 부부싸움을 안 한다는 것도 아니고요" 하고 매듭지었다. 그 후로 서로의 생각을 충분히 나눌 수 있으면 좋았겠지만, 얼마 지나지 않아 그는 다른 도시로 이사를 갔고 이 만남은 신혼 때의 해프닝으로 남았다.

전격 분석! 남편과 나의 부부싸움 패턴

부부가 개인 의견만 내세우면 싸움이 날까? 아마도 그럴 것 같다. 부부가 아닌 다른 어떤 사이에서도 개인 의견만 내세우면 다툼이 생길 것이다. 하지만 '개인주의자는 개인 의견만 내세울 것이다'라는 주장을 생각하면? 꼭 그렇지는 않다.

내친김에 남편과 내 부부싸움 패턴을 떠올려 봤다. 사실 우리 부부는 경제관이나 주거관, 교육관, 효도관 같은 중요한 문제에서는 큰 마찰이 없다. 의견 차이가 있다고 해도 입장을 차근차근 들어 보면 쉽게 수긍하는 편이다. 애초에 비슷한 가치관을 지녔기 때문에 결혼이 가능했고, 중요한 문제에서 의견 타협을 보기 어려울 정도로 상극이었다면 이 사람과 같이 살기 어려웠을지도 모른다.

남편과 내가 아옹다옹하는 문제는 주로 사소하고 자잘한 것들이다. 하지만 누구나 알 것이다. 아무리 사소한 일이라도 감정이 실리는 순간 그 싸움은 결코 사소하지 않다는 것을.

장보기만 해도 남편은 쌀은 쌀집에서, 고기는 정육점에서, 채소는 채소시장에서, 생선은 또 생선 상태 좋은 마트에 가서 구입해야 하며 휴지나 티슈는 꼭 드럭스토어에 가서 산다. 그냥 한군데서 한꺼번에 사는 게 더 효율적이라고 생각하는 나는 끝없는 장보기 순례길이 즐겁기는커녕 피곤하다.

고수하고 싶은 방식이 있는 남편과 적당히 한 곳에서 사고 싶어하는 나. 순식간에 분위기가 싸해지고, 마음 상한 나의 공격이 시작되려 하면 그 순간부터 남편은 아무 말이 없다. 우리의 부부 싸움은 대부분 이런 기승전결을 갖추고 있다. 불을 뿜는 공룡과 돌부처의 대결이랄까.

이런 대결은 사소한 일상 곳곳에서 일어난다. 여행도 그렇다. 내가 여행이나 한국 방문을 최소 6개월 전부터 계획하는 반면 남편은 '가고 싶을 때 즉흥적으로 뜨자'주의다. 장소도 마찬가지. 내가 "푸켓 어때?" 하고 물으면 "가도 좋고 안 가도 좋아, 아직 잘 모르겠어" 하며 미지근하게 반응한다.

상황이 이러하니 계획을 세우고 추진하는 것은 언제나 내 몫이요, 뒤에서 졸졸 따라오는 것은 남편이다. 더 황당한 건 여행지에서의 행동이다. "푸켓? 뭐 나쁘지는 않을 것 같네" 하고 심드렁하던 사람이 제일 신나게 논다. 너무너무 재밌었다며 다음에 또 가자고 배시시 웃기까지 한다. 하지만 이듬해 휴가가 돌아와도 그가 나서서 다음 계획을 세우는 일은 좀처럼 일어나지 않는다.

이런 패턴이 여행에서만 그친다면 다행일지도 모른다. 하지만 일본은 무엇이든 미리 준비해야 하는 사회다. 초등학교 책가방이나 어린이용 휴대전화를 일 년 전쯤 결제해 두어야지만 입학할 때 사용할 수 있다. 사전에 물건을 알아보고 비교하는 과정도 필수니, 그런 시간까지 계산한다면 모든 일을 발 빠르게 앞당겨 처리해야 한다.

베짱이인 나보다 더 심한 대왕 베짱이급 남편을 보면 감정이 화산처럼 폭발해 용암처럼 흘러내린다. 불만을 가득 담은 말투로 한마디 톡 쏘아붙이면 남편은 마치 돌부처와 같은 얼굴로 아무 말도 하지 않는다. "대답 좀 해 볼래?" 하고 다그치면 다그칠수록 묵언수행의 시간은 더 길어진다.

남편은 무슨 대답을 해야 내가 화를 덜 낼지 생

각하느라 침묵하는 거라고 했다. 하지만 그 침묵이 용암을 더 들끓게 한다. 내가 간절히 원하는 것은 남편의 적극적인 의견이다!

물론 남편 눈에도 내가 고깝게 보이는 부분이 있을 테다. 설거지할 때, 밀폐용기 뚜껑에 달린 고무까지 일일이 분리해 씻는 남편과 달리 나는 뚜껑과 고무를 통째로 쓱 씻고 만다. 주방 가위를 세척할 때도 매번 양 날을 분리해 이음새까지 닦는 사람이 남편이라면 나는 가윗날 주변만 닦는다.

요리도 그렇다. 남편은 원재료의 종류에 따라 도마와 칼을 세세하게 구분해 쓰지만 나는 아무거나 손에 잡히는 걸 쓴다. 그러나 돌부처는 자신의 살림 스타일이나 위생 관념을 나에게까지 요구하지 않는다. 돌부처 쪽 화산이 폭발하거나 용암을 분출하는 일은 없다.

하지만 나는 여전히 남편의 침묵보다는 의견이 듣고 싶다. 그래서 우리는 최적의 부부싸움 방법을 고안해 냈다. 바로 '내일까지' 전략. "내가 묻는 말에 대답 좀 해 볼래?"의 '대답'을 지금 당장이 아닌, 다음 날 아침에 듣기로 약속한 것이다.

그러면 나는 저 사람이 도대체 언제 입을 열까 기다리느라 답답해하지 않아도 되고, 남편은 남편대로 생각할 시간을 충분히 벌 수 있다. 가장 좋은 건, 이튿날이 되면 들끓던 용암도 차분히 가라앉아 있다는 점이다. 침착한 상태에서 대화가 오가는 데다가 감정 실랑이보다 문제 해결에 초점을 맞추게 되니 그럭저럭 쓸 만한 부부싸움 전략이다.

다툼을 잘 풀어내기 위한 전략으로 규칙을 만들어 지키자고 약속하는 부부도 있다. 싸울 때 서로 존댓말을 쓰면서 감정이 격앙되지 않게 한다거나, 그날 다툼은 그날 해결한 후에 잠든다거나 하는 약속이다. 두 사람의 문제 해결에 도움이 된다면 그 역시 좋은 방법이다.

그러나 남편과 나는 서로에게 요구하는 규칙이나 매뉴얼이 없다. 우리에게는 오히려 규칙을 두지 않는 편이 도움이 될 거라 판단해서다. 관계에서 '이럴 땐 이렇게 해야 한다'는 룰이 많을수록 부담을 느끼는 성향이기도 하고, 규칙을 지켰나 안 지켰나, 누가누가 더 잘 지켰나가 새로운 싸움거리가 될 우려도 있어서다.

그보다는 우리 두 사람이 어떤 문제든 해결할 수 있는 관계라고 믿고, 서로의 의견을 한번이라도 더 들어보고 최대한 이해하는 데 집중하며 소통을 이어가고 있다.

가족 간의 다툼이 꼭 나쁜 걸까요

다시 원래 질문으로 돌아가 보자. 부부가 개인 의견만 내세우면 싸움이 날까? 이 질문을 남편에게 해 보았다.

"부부 둘 다 개인 의견을 내세울 수 있다는 건 좋은 거 아닐까? 옛날 생각해 봐. 개인 의견을 큰 소리로 드러낼 수 있는 건 집안에서 아버지밖에 없었어. TV가 한 대밖에 없던 시절엔 특히 그랬지. 그땐 채널에 대한 의견을 드러낼 수 있는 것도 한 사람뿐이었어. 아내랑 자식들은 저녁 내내 보고 싶지도 않은 방송을 잠자코 보고 있다가 아버지가 잠든 것 같으면 그제야 리모컨을 손에 쥐잖아. 그러면 어떻게 알았는지 눈 감은 채로 '나 자는 거 아니다. 다 듣고 채널 있으니까 돌리지 마라' 그러고. 다시 생각해도 신기한 능력이야. TV만 해도 그런 에피소드가 있으니까, 일상생활에서는 오죽했겠어."

"일본 아버지들도 그랬다고? 세상에! 그거 진짜 신기하다."

듣고 보니 그랬다. 부부 중 한 사람만이 의견을 개진하던 때가 있었다. 가족의 다른 구성원은 자기 생각이 있어도 내색하지 않거나, 아버지의 기분이 좋은지 나쁜지를 살펴 가며 조심스럽게 표현해야 했다.

어느 한 사람이 '개인 의견만 내세운다'는 건 이 상황에 더 잘 들어맞는 표현이 아닐까. 표면적으로는 그 시절 부부들이 지금보다 덜 싸웠을지도 모르겠지만, 그 이면에는 어느 한쪽의 일방적인 침묵이 있었다.

소통마저도 '역할'에 얽매여 제한적으로 이루어진 것이다. 이런 상황에서 우리는 서로에 대해 얼마나 깊이 알 수 있을까? 아버지, 어머니, 자식이라는 역할 속에 들어 있는 인격체가 어떤 사람이고 무엇을 원하는지 진정으로 이해하고 있을까? 한집에 살고 있지만, 서로를 남보다 더 모르고 있지는 않은가?

더 정확히 말하면, 오로지 자기 의견만을 내세우며 상대의 입을 막는 것은 개인주의와는 무관할지도 모른다. 개인주의적인 소통은 상하 관계나 역할을 뛰어넘어 개인이 원하는 것을 명확히 표현하고, 듣고, 타협해 나가는 것이기 때문이다. 어깨를 나란히 하는 너와 내가 동등하게 의견을 주고받고, 네 뜻과 내 뜻이 공존하는 방법을 찾아가는 것. 개인주의자들의 관계는 경청과 존중 위에서 이루어진다.

그러니 가정에서, 학교에서, 회사에서 개인이 의견을 개진하는 것을 좋은 신호로 바라보면 어떨까. 더 많은 의견을 말하고, 더 많은 대화 속에서 합의를 찾아갈 수 있도록.

16. 남편이 개인주의자인 이유는 일본인이기 때문일까

결혼이냐 비혼이냐, 그것이 문제로다

서른 중반을 맞이한 나의 친구들은 절반은 비혼, 절반은 결혼을 택했다. 결혼하지 않은 친구들은 비혼 선택의 가장 큰 이유로 일을 꼽는다. 이제껏 공부와 취업을 위해 먼 길을 달려왔는데, 결혼한 친구들이 일 대신 출산과 양육을 요구받거나 경제 활동을 하더라도 '가사와 병행 가능한 부수입원'이 되기를 권유받는 걸 보면 "결혼과 일 모두 하기는 힘들지 않을까?" 하는 생각이 든다는 거다.

가정이 아닌 자신의 삶을 꾸리는 과정에서 의미를 발견하기도 한다. 어디에 살고, 무슨 일을 하고,

어떤 걸 배우고, 여가 시간은 무엇으로 채울지에 집중하면서 1인분의 책임과 행복을 느끼는 것이다.

결혼한 친구들은 어떨까?

"남자 친구 오래 만나 보니까 나랑 잘 맞더라고. 헤어질 이유도 없고. 계속 만날 거면 결혼하는 것도 괜찮잖아."

파트너와의 관계를 장기적으로 이어가는 방법의 하나로 결혼을 선택한 친구, 사회에 안정적으로 자리 잡기 위해 결혼한 친구, 배우자와 아이가 있으면 삶의 원동력이 될 것 같아 결혼한 친구 등 비혼에도 기혼에도 각자의 이유가 있다.

어느 쪽을 택했든 개인으로 존중받고 존중하며 살기를 기대하지만, 길고 긴 대화의 끝은 언제나 이런 종착지에 닿고 만다.

"그러면 좋겠지만, 현실적으로는 어렵겠지?"

"일본은 개인주의의 나라라고 하던데."

"민지 남편도 일본인이니까 개인주의자인 거 아닐까?"

이런 질문에 명확한 답을 내어놓기란 참으로 어렵다. 실은 나도 똑같은 걸 묻고 싶기 때문이다. 결혼 전에는 일본 사회나 문화에 큰 관심이 없었거니와, 지금 내가 경험하고 있는 일본은 극히 일부 도시의 일부 지역이기에 '일본은 이렇다'라고 쉬이 단정짓기 어려운 탓이다. 하지만 나름의 생각을 차근차근 정리해 보니 반드시 그렇지는 않다는 결론에 이르렀다.

일본은 개인주의의 나라일까?

유난히 낯설게 느껴지는 일본 길거리 풍경이 있다. 자동차 앞 유리에 전화번호를 남겨 놓은 차량이 단 한 대도 없다는 것이다. 차를 끌고 다니면서 기본적인 연락처도 남기지 않다니! 왜 그런가 했더니, 불특정 다수에게 개인 정보를 공개하거나 불필요한 연락이 오가는 것을 꺼려서다.

이게 가능한 까닭은 주차 문화가 다르기 때문이다. 공동주거시설인 맨션에서는 정해진 자리에 정해진 주차비를 내고 차를 대야 하고, 부득이하게 주차장 없는 시설에 방문하면 단 5분이라도 사설 주차장을 이용해야 한다. 만약 누가 내 자리에 불법 주정차를 했다면? 그 차의 주인에게 연락하지 않고 관리 회사나 경찰 같은 중간자를 불러 해결한다.

층간 소음 같은 생활 속 문제를 대하는 방법도 비슷하다. 윗집이나 아랫집을 찾아가 직접적으로 불만을 토로하는 대신 관리 회사 담당자를 통해 소통하는데, 속으로는 "저 윗집 놈들! 또 뛰네?" 하는 분

노가 치밀어 오를지라도 엘리베이터에서 당사자를 만났을 때는 감정을 가라앉히고 "안녕하세요?" 하는 것을 어른의 예의라 여긴다.

이러한 특색이 강한 교토 지역에서는 "따님이 피아노를 참 잘 치네요"라는 말이 "당신 집 피아노 소리가 우리 집까지 들려요"라는 속뜻이 숨어 있다는 우스갯소리도 있을 정도니, 의견을 표현하더라도 에둘러 하는 것이 분쟁을 피하는 방법이라 보는 것 같다. 겉으로 여과 없이 표출해도 되는 감정과 속으로만 품어야 하는 감정을 구분하고, 표면적으로나마 조화와 평화를 유지하는 것이다.

이름이나 연락처 같은 정보는 물론 이웃의 생각과 감정을 속속들이 알기 어려운 분위기가 일본에는 있다. 일대일 관계에서는 어떨까? "너 살 좀 빼야겠다", "너 옷 좀 사야 하는 거 아니니?" 하며 겉모습을 지적하거나 "대학 안 간다며? 무슨 생각으로 그러냐?" 같은 참견을 하는 경우가 거의 없다. 이는 내 삶과 타인의 삶을 구분 짓고, 다른 사람의 삶을 책임지고 싶지 않아 하는 경향 때문이다.

그렇기에 하나의 직장에 속하는 대신 아르바이트를 하며 살기로 결정한 프리터족이나 월급 전부를 좋아하는 만화에 쏟아붓는 오타쿠에게도 "너 왜 그렇게 살아?" 하며 관여하는 것을 피한다.

그렇다고 해서 일본이 모든 개인이 개성대로 살기 좋은 곳인가 하면 꼭 그렇지도 않다. 일본 사회에서는 속해 있는 집단의 '분위기를 읽는 것'이 더없이 중요하다. 전체의 평화와 조화를 위해 집단의 규칙을 따를 뿐만 아니라, 공기처럼 암묵적으로 존재하는 룰이 무엇인지 관찰하고 그 흐름에 순응해야 한다. 무언의 매뉴얼인 셈이다.

내가 사는 나고야는 기업이 많은 산업도시로 일본에서도 사치가 심한 지역으로 알려져 있다. 물론 다른 사람의 사치에 휘말리지 않고 검소하게 살아가는 사람도 있겠지만, 다른 도시보다 고가의 자동차를 끌거나 브랜드 제품을 구입하는 사람 비율이 높은 편이다. 하지만 비싼 차가 있어도 직장에 타고 가지 않는 분위기가 있다. 상사보다 더 좋은 차를 타서는 곤란하고, 무엇이든 동료들과 비슷한 걸 소지해야 하는 '공기'를 읽은 것이다. 사치를 하고 싶어도 때와 장소를 가려 가면서 해야 한다니! 이 공기는 개인을 숨 쉬게 하는 공기일까, 숨 막히게 하는 공기일까?

개인보다 전체를 우선시하는 문화는 '세켄(世間)'이라는 단어에도 녹아 있다. 세켄은 '세상 일반의 시선'이라는 의미로, 여기서 말하는 세상이란 한 사람이 관계 맺고 있는 주변 사람의 집합을 뜻한다. 바로 이 세켄을 의식하는 것이 전체의 분위기를 읽는 행동이자, 겉으로 보여 주는 마음과 속마음을 구분 짓는 행위이며, 집단 속에서 튀지 않는 나를 만들어 가는 일이다.

이방인인 내 입장에서는 "꼭 그렇게 해야지만 좋은 관계를 맺으며 살 수 있을까?" 하는 생각도 들고, "한국에는 세켄과 유사한 문화가 없는가?" 하는 생각도 든다. 우리가 말하는 '세간'이 곧 세켄인 까닭이다.

그렇다면 우리는 왜 일본을 '개인주의의 나라'라고 생각해 온 걸까? 남의 일에 무관심하면서 민폐를 끼치기 싫어하는 문화는 무엇 때문일까?

한국, 중국, 일본, 네덜란드의 개인주의를 비교한 한 연구자는 개인주의를 구성하는 네 가지 하위 개념인 '1) 독자행동 2) 이익과 의사결정 3) 타인 무관심 4) 자신의 의지' 중 일본이 3번 항목에서 유독 높은 수치를 보였다고 했다.(연명흠(2010), 중국, 일본, 네덜란드, 한국의 개인주의 감성 비교, 한국감성과학회)

일본 사회 전반에 걸쳐 개인화가 균형 있게 진행되었다기보다는 개인주의의 특징 중 일부 현상이 두드러졌다는 분석이다. 그런가 하면 네 국가 중 한국은 가장 집단주의적 성향이 강한 것으로 나왔다.

타인에 무관심한 일본 사회의 원인이 개인주의가 아닌 '개별주의'에 기인한다고 보는 연구자도 있다. 일본 사회를 구성하던 전통적인 집단주의가 와해되어 가는 과정에서 시민들이 미성숙한 개인주의에 놓여 있으며, 이는 개인주의가 아닌 개별주의로 정의해야 한다는 해석이다.(박용구(2016), 21세기 일본인론의 패러다임 시프트: 전망과 과제, 한국일어일문학회)

개인주의가 개개인의 보편성과 특수성을 존중한다면, 파편화된 개별주의는 특정 개인과 특정 집단, 특정 생각을 제외한 다른 대상을 배제한다는 측면에서 배타적이다.

두 연구 모두 일본 사회에서 개인주의가 완전히 정착했다고 보지 않는다. 개인의 개성을 허용하는 듯하면서도 최상위 가치에는 집단의 조화(和)를 두는 사회. 내가 느낀 일본 역시 전체의 화(和)가 우선이다.

같은 듯 다른, 가족에 대한 시각

집 밖에서의 문화가 그렇다면 집 안에서는 어떨까? 가족 안에는 개인주의 문화가 있을까? 놀랍게도 일본인이 생각하는 가족의 범위는 한국보다 훨씬 좁다. 1990년대에 이루어진 한 연구에 따르면 '부모를 자신의 가족으로 생각합니까?'라는 문항에 한국인의 95.5%가, 일본인의 52.2%가 그렇다고 답했다. 또 '배우자의 부모를 가족으로 생각합니까'라는 질문에는 한국인의 84.9%가, 일본인의 22.4%가 그렇다고 했다. '친손자를 가족으로 생각합니까'라는 질문은 한국인의 71.6%가 수긍했으나 일본인은 15.3%만 수긍했다.(〈가족의식에 관한 한국과 일본의 비교 연구〉(변화순(1992), 한국여성정책연구원)

실제로도 그런 것 같다. 아이가 태어나면 한국에서는 조부모가 이름을 짓는 경우가 많다. 아이를 양육하는 시간이 가장 길고 이름을 가장 많이 부를 엄마 의견보다 할아버지 의견이 더 중요시되는 집안도 있으며, 아이 작명 때문에 가족끼리 마찰이 생기기도 한다.

하지만 일본에서는 조부모가 손자나 손녀의 이름을 짓겠다고 나서는 일은 거의 없다. 아이의 부모인 부부가 알아서 할 일이지, 조부모에게는 부모를 뛰어넘을 결정권이 없다고 생각하는 것이다. 사촌, 육촌, 사돈의 팔촌까지 가족으로 생각하는 한국과 달리 일본에서는 독립된 내 가정만을 가족으로 생각하고 나머지는 친척쯤으로 여기는 경향이 강하다.

같은 연구를 보면, 일본인은 가족 대신 지역사

회에 속하는 것을 더욱 중요시한다. 한국인이 가족의 확대판이라 할 수 있는 향우회나 동창회 등 1차적 연고 집단을 중요하게 생각하는 반면 일본인은 거주지를 중심으로 한 운동, 여가, 취미 단체에 주로 참가한다. 어느 쪽이든, 자신이 속한 집단에서 소속감을 느끼고 연대감을 키우기 위해 노력한다는 측면에서는 양국이 또다시 비슷한 모습을 보인다.

흥미롭게도 일본의 가족 문화가 한국과 상당히 유사했던 시대도 있었다. 사카이 준코 작가의 〈가족 종료〉에는 우리에게 익숙할 법한 에피소드가 대거 등장한다.

저자의 조부모 세대는 아들에게 "대가 끊어진다느니, '결혼 안 한 사람은 아직 어른이 아니'라느니 하며 결혼을 종용"하고 딸을 결혼시키면 혼기가 차기 전에 내보낸 것에 안도하며 "우리 딸도 이제 겨우 치웠다"라는 표현을 했다고 한다.

일본인은 본디 어딘가에 소속됨으로써 행복을
느꼈던 모양이다. 어떤 조직의 구성원이 되는 것이
무탈하게 살아가기 위한 전제 조건이었던 셈이다.
그중에서도 가장 중요한 조직이 가족 아니었을까?

– 사카이 준코, 남혜림 역, 〈가족 종료〉 6~7쪽, 사계절, 2020년

하지만 1966년생인 저자의 세대에 와서 일본 가족의 모습도 현대에 들어오면서 많이 달라졌다. 대를 잇기 위해 결혼하지 않아도 된다는 사회적 분위기가 확산되고, 장남으로 태어났다고 해서 특별 대우를 받지 않으며, 아버지들도 가사나 육아에 참여하기 시작했다. “시어머니들은 이제 ‘며느리한테 미움받지 않는, 편하고 민주적이며 현대적인 시어머니’가 되기 위해 노력”(같은 책, 55쪽) 하고 있으며, 개인으로서 행복을 추구하며 살아가도 된다는 인식이 보편화되면서 가족을 만들고 대를 이어야 한다는 생각은 점차 옅어진 것이다.

앞으로 해결해야 할 과제도 비슷하다. 비혼 인구가 늘었지만 사회 복지나 시스템은 여전히 개인이 아닌 가족 중심으로 짜여 있다는 것이 특히 그렇다. 이러한 흐름을 보면 한국과 일본의 가족 문화가 큰 틀에서는 닮아 있다는 사실을 알 수 있다.

그래서 일본이 개인주의라는 거야, 아니라는 거야?

가운데 서 있는 나무를 왼쪽에서 보면 오른쪽에 있는 것처럼 보이고, 오른쪽에서 보면 왼쪽에 있는 것

처럼 보인다. 일본을 두고 어떤 문화권 사람들은 개인주의가 부족하다 할 것이고, 어떤 문화권에서는 개인주의가 흘러넘친다고 할지도 모른다.

내 결론은 이렇다. 일본이 한국보다 누군가의 '가족'으로 살기 편한 것은 맞다. 혈연 의식도 효 의식도 비교적 강하지 않다. 고부 갈등을 겪는 사람도 있고, 자식 도리가 힘들다는 사람도 있지만 내 눈에는 그저 '순한 맛'으로 보인다. 하지만 학교나 회사 같은 사회적 집단 안에서의 개인은 여전히 존재감이 크지 않다. 때론 민감하게 공기를 읽어야 하며, 한국 사회보다 조직 문화를 더 우선시하는 것을 보면 '개인주의의 나라'라고 하기는 어렵다. 때문에 남편도 일본인이라서 개인주의자라고 하기에는 무리가 있다. 남편이 나에게 이런 말을 한 적 있다.

"내 생각에, 넌 아직 보통의 일본인을 만나 본 적이 없는 것 같아."

예술가 기질이 강해 '너도 자유롭고 나도 자유롭자'는 사고방식을 가진 시부모님, 일본 사회에서 그 누구보다 성실하게 살았지만 돌연 인도네시아에 집을 짓고 사는 형, 동네 사람에게 "저 사람은 도대체 뭐 하는 사람일까?" 하는 의문을 불러일으키는 남편, 그리고 남편의 친구들. 이들이 보통의 일본인인지 아닌지는 잘 모르겠지만, 비슷한 사람끼리 모여 가족을 이루거나 친구가 되는 건 재밌는 일이다.

중요한 것은 한 개인을 '한국인이라서' 혹은 '일본인이라서' 하며 국적에만 기반해 판단할 수는 없다는 것이다. 개인을 구성하는 요소는 복합적이며 국적은 그중 일부일 뿐이다. 한국인과의 결혼에서도 배우자가 어떤 사람이며 나는 누구인지에 따라 살아가는 모습이 천차만별인 것처럼, 외국인과의 결혼도 비슷하다.

"개인주의? 한국 사회에서는 안 돼."

이런 말을 정말 많이도 들었다. 하지만 개인주의는 결국 한 사회와 개인의 성숙도 문제가 아닐까 싶다. 국가와 가족, 공동체로 대변되는 주류 집단의 시각에서 벗어나 개인을 보는 관점을 키운다는 의미이기에 그렇다.

어떤 한 사람을 대할 때 소속 국가와 집단이 보편성과 더불어 그가 가진 특수성을 살펴봐 준다면 우리는 서로를 더 깊이 이해하며 살아갈 수 있지 않을까.

17. 개인주의 때문에 이웃 사이가 멀어진다고?

어느 봄날 일어난 이야기

아이가 6개월쯤 되었을 때였던가. 배밀이로 온 집안을 정복하던 탐험가를 뒤따르던 중에 초인종 소리가 들렸다. 문을 열고 나가 보니 같은 맨션 1층에 사는 할머니였다. 품에는 신문에 싼 부추가 가득 들려 있었다. 베란다 텃밭에 부추가 풍년이라 이 집 저 집 나눠주고 계신다고 했다.

싱그럽게 풋내 나는 부추를 건네받아 건홍합을 불려 넣고 전을 부쳤다. 이 맛있는 걸 혼자 먹을 수 없지. 나도 할머니 댁 초인종을 눌렀다. 도란도란 부추전을 먹으며 알게 된 사실은 할머니는 은퇴 후 할

아버지와 두 분이서 서로 의지해 살고 계신다는 것, 두 분은 적적하시고 어린아이를 둔 나는 외출하고 싶어도 갈 곳이 없는 동병상련의 처지라는 것이었다. 할머니는 그 후로도 우리를 집에 자주 초대하셨다. 아이가 커 가는 순간순간을 지켜보며 성장의 기쁨을 함께 누렸다.

어느새 훌쩍 자란 아이가 걷고 뛰며 말하던 어느 봄날, 맨션 입구에서 우연히 두 분을 만났다. 몇 년 사이 건강이 급속도로 나빠진 할아버지는 할머니가 이끄는 휠체어에 앉아 계셨다. 함께 산책을 나가시던 참이라 했다. 담소를 나누다 "그럼 잘 다녀오세요" 하고 인사하고 돌아서는 순간 할머니의 다급한 목소리가 들렸다.

"괜찮아요? 들려요? 정신 차려요!"

돌아보니 할아버지의 고개가 푹 꺾여 있었다. 남편은 빠르게 움직였다. 휠체어로 달려간 그는 침착한 태도로 할머니께 말했다.

"지금 바로 구급차를 불러 병원에 가야 하니 댁에서 필요한 물건 챙겨 나오세요."

남편은 구급차가 발견하기 쉽도록 손을 흔들며 도로에 나갔다. 나는 꺾여 버린 할아버지 목을 받쳐 들고 "괜찮아요, 조금만 더 힘내세요"라는 말만 반복

했다. 잠깐 의식이 돌아오는 듯했던 할아버지의 고개는 풀썩, 다시금 꺾였다. 할아버지의 입에서는 노랗고 끈끈한 타액이 흘러나왔다. 버틸 수 없을 정도로 다리가 흔들리던 나는 엉엉 울며 주저앉았다. 얼마 지나지 않아 구급차 소리가 들려왔지만 할아버지는 영영 의식을 되찾지 못했다. 임종을 지킨 것은 도쿄에 있는 아들도 직장에 나간 딸도 아닌 동네 이웃, 우리 가족이었다.

며칠 후 할머니가 다시 초인종을 눌렀다. 화장을 마친 유해를 장례 절차에 따라 49일간 집에 모시고 있으니 할아버지에게 인사하러 오지 않겠냐고 하셨다. 적막한 방. 작은 상자에 들어간 할아버지를 바라보며 불단에 향을 피웠다. '도움을 드려야 하는 순간에 너무 패닉이 되어 버렸던 것은 아닐까. 침착하게 대응한 남편이 없었더라면 기본적인 도움도 못 드렸겠지.' 여러 가지 생각이 연기와 뒤섞여 피어올랐다. 내가 정신을 놓으니 오히려 할머니가 나를 진정시키려 애쓰던 기억도 떠올랐다.

초고령화 시대에 살다 보면 언제고 같은 일을 겪을 수 있다. 그 후 나는 구급차를 부를 때 감정에 압도당하지 않고 침착하게 말하는 연습을 했다. 사건이 일어난 위치, 증상, 연령과 지병 설명 정도는 제대로 할 수 있어야 하니까. 남편은 혼자 사시는 할머니가 걱정됐는지 딱 부추 정도의 사소한 핑곗거리를 만들어 초인종을 눌렀다. 같은 주거시설이라는 현대판 공동체에 살며 서로를 위한 안전망이 되기 위해서였다.

이 모든 게 기승전 개인주의 때문이라고요?

그로부터 두 해가 흘렀다. 그날 휠체어가 놓였던 자리를 보면 여러 가지 생각이 든다.

"할아버지가 아들딸도 아닌 외국인 이웃 곁에서 임종하실 거라곤 생각 못하셨겠지? 나도 할아버지 임종은 지켰지만, 정작 내 부모 임종은 못 지킬 수도 있겠지?"

할아버지가 태어나던 시절만 해도 탄생과 죽음, 일과 주거 모두가 씨족 공동체에서 이루어졌으며 어린아이와 어르신을 위한 돌봄도 친족 안에서 해결되었을 것이다. 하지만 세상의 모습이 복잡다단해진 지금, 우리는 친족 아닌 '남'과 가까이 산다.

손자 얼굴보다 옆집 아기 얼굴을, 내 부모보다 남의 부모를 더 많이 보고 살지만 이웃과의 관계가 내 가족 같지는 않은 것이 현실이다. 나도 이 맨션에 사는 모든 이웃과 밀접한 관계를 맺고 살지는 않는다. "안녕하세요, 산책 가세요?" 하는 기본적인 인사나 "어제는 비가 많이 내렸죠?" 같은, 가벼운 날씨 이야기만 나눌 뿐이다.

상황이 이러하니 우리는 과거의 삶에서 향수를 느끼기도 하고, 지금의 삶에 대한 대안을 상상해보기도 한다. 하지만 그 대안이 개인주의일 것이라고 생각하는 경우는 많지 않다.

오히려 그 반대다. 뉴스 기사 창에서 '개인주의'를 검색하면 상당수의 미디어가 이웃 간 마찰이 일어나는 이유나 공동체와 연대하지 않는 원인을 개인주의에서 찾는다. 작게는 주차 다툼이나 층간소음부터 크게는 고독사, 아동학대, 준법의식 결여, 저출생까지 다양한 사회현상의 주범으로 개인주의를 지목한다. 이런 해석을 접할 때면 우리가 '개인주의'라는 단어를 같은 뜻으로 생각하고 있는 게 맞는지, 전혀 다른 의미로 알고 있는 건 아닌지 궁금해진다.

개인주의는 공동체를 구성하고 있는 다른 객체도 나와 동일한 가치를 지니며 동등하게 존중받아야 하는 개인이라 여긴다. 그렇기에 너의 권리와 나의 권리 모두가 소중하다고 생각한다.

이웃에게 피해를 주면서까지 자신의 편의와 이익만 추구하는 것은 개인주의 때문이 아니라 '혈연으로 이루어진 내 가족 빼고는 모두 남'이라는 가족이기주의 때문이다. 여기에도 사연은 있다. 국가가 '선성장 후복지'를 외치며 사회 차원에서 해결해야 할 복지를 '가족'이라는 집단에 떠안겼고, 오로지 가족만이 비빌 언덕이 되었다. 이 과정에서 혈연 가족만을 중심으로 한 극단적 가족주의가 확대되었으며 개인으로서 짊어지고 누려야 할 사회적 공공성의 가치는 축소되고 말았다.

결혼하지 않은 사람에게 쏟아지는 질문만 봐도 알 수 있다. "비혼? 지금이야 좋겠지만 나이 들면 돌봐 줄 사람이 없잖아", "돈 잘 벌면 결혼 안 하고 살아도 되겠지만, 나중에 해고라도 당하면 어쩌려고 그래?" 같은 우려는 오로지 가족만이 개인의 안전망이었던 지난날을 단적으로 보여 준다.

한 자녀 가정에게 "나중에 부모 죽고 애 혼자되면 어떡해. 둘은 있어야지"라고 하는 것도 같은 맥락이다. 가족 밖의 공동체가 개인을 보호하리라는 신뢰가 없으니, 개인도 가족 외의 공동체를 튼튼하게 가꿀 필요를 느끼지 못한다.

뉴스 면을 장식하는 온갖 사회 현상이 진정 개인주의에 기인한다면, 개인주의가 깊이 뿌리내렸다고 평가받는 나라들은 세계적인 우범 국가가 되어야 마땅하다. 하지만 그들은 서로를 억압하거나 배척하지 않는 민주적인 연대를 추구하면서도 개인을 보호하기 위한 공공의 복지망을 갖추려 노력하고 있다.

'각자의 문제는 알아서 해결하거나 가족에게 의지하시오' 하는 각자도생도 아니고, 전체를 위한다는 명목으로 개인의 숨통을 조이지도 않는 연대. 그런 '적정한 연대' 속에서 살아갈 수는 없을까? 어떻게 하면 개인이자 공동체의 일원으로 균형을 잡으면서 살아갈 수 있을까?

새로 엮어 가는 공동체와 개인의 관계

한 대학교수가 지자체 공무원을 앉혀 놓고 '저출산 극복' 강의를 한 적이 있다. 그 교수는 "개인주의가 저출산을 야기하는 만큼 공무원부터 개인주의에서 벗어나야 한다"고 강조했다. 또 다른 지자체는 지역 인구가 10만 명 미만으로 떨어져 지역이 소멸 위기에 처했다며 공무원들에게 상복을 입고 출근하게 했다.

나는 그 장면에서 일종의 폭력을 보았다. 전체를 위해 개인의 권리 정도는 침해해도 된다는 권위적 사고가 고스란히 느껴졌기 때문이었다. 공무원은 공공의 업무를 해결하는 사람인 동시에 고유의 권리를 지닌 개인이다. 공적인 업무를 수행한다고 해서 전 사회의 현상인 저출생이나 수도권 인구 과밀의 근본

책임을 실무자 개개인에게 물을 수는 없다.

탈개인주의를 종용하며 더 많은 출산을 요구하거나, 인구 감소를 반성하라며 상복을 입히는 행위는 집단의 권위가 개인 위에 어떻게 군림해 왔는지를 적나라하게 생중계한다. 개인을 수단으로 여기는 장면을 보면 볼수록 출산이 더 꺼려지는 것은 우연일까. '공동체가 있어야 개인도 있다'는 말로 국가나 집단의 존속을 위해 개인을 억압하는 행위와, 이를 '대의를 위한 개인의 희생'으로 포장하는 전체주의를 21세기를 살아가는 사람들이 어디까지 받아들일 수 있을까? '국가를 위해 출산하라'가 아니라 '아이를 낳아 기르고 싶은 사회'를 함께 만들어 가는 것이 우선 아닐까?

진단이 정확해야 아픈 곳을 치료할 수 있다. 현대 사회 여기저기서 터져 나오는 문제 모두를 "대가족 시절에는 이렇지 않았는데. 이게 다 대가족이 없어지고 개인화가 되어서 일어난 일이구나!" 정도로만 풀이해서는 올바른 진단이 될 수 없다. 진단이 빗나가면 써야 할 약도 못쓰게 된다.

개인주의가 호랑이 연고도 아니고, 여기저기 바르면 다 낫는 만병통치약이라고는 생각지 않는다. 하지만 약이 될 수 있는 것을 두고 "이건 독이야!"라고 위험물로 취급하는 것도 바람직하지는 않다.

우리의 가족 문화를 깊이 탐구한 〈이상한 정상가족〉의 저자 김희경은 이렇게 말했다.

> 스웨덴의 경험이 보여주는 것은 삶은 개인주의적으로 살고, 해법은 집단주의적으로 찾을 때 저출산을 비롯하여 우리가 겪는 위기를 해소할 길이 보일 수도 있다는 점이다.
>
> – 김희경, 〈이상한 정상가족〉 232쪽, 동아시아, 2017

'삶은 개인적으로, 해결은 집단적으로'. 나는 이 문장이 개인주의를 약으로 쓸 수 있는 아주 좋은 처방전이라고 생각한다.

우리는 알고 있다. 1분 1초가 소중한 구급차를 위해 길을 비키면 언젠가 내가 그 구급차에 탔을 때 누군가가 길을 내어 줄 것이라는 것을. 엘리베이터에서 유모차나 휠체어를 보고 "먼저 타세요"라고 한 발 물러나면 훗날 내 부모가 휠체어를 탔을 때도 배려받을 가능성이 높아짐을. 뒷사람을 위해 육중한 유리문을 잡아 주면 그도 다음 사람을 위해 문을 잡아 주리라는 것을. 이웃 간의 신뢰와 사회의 안전망을 만드는 것은 바로 우리, 한 사람 한 사람의 개인이다.

3장
육아, 작은 개인과 함께 사는 일

18. 의사가 되지 않을 권리

작은 개인이 탄생하기까지

같이 살아 보니 그는 생각보다 더 좋은 사람이었다. 남편이라고 해서, 나이가 많다고 해서 권위를 행사하려 들지 않았다. 조용조용 차분하게 나를 살폈다. 그는 나에게 향상심이 있다고 했다. 좋아하는 것이며 하고 싶은 일이 어찌나 많은지, 자꾸만 "돌격 앞으로!"를 외치며 튀어 나가는 내가 신기하면서도 어떻게든 도와줘야겠다 생각했단다.

남편에게 나도 예상보다 괜찮은 사람이었나 보다. 소박한 일상에서 진한 행복을 느끼지만 큰 야심은 없는 그는 "남자니까 좀 더 욕심을 가져!"라고 종용하지 않는 나를 고맙게 생각했다. 남편이 경차를 타거나 낡은 옷을 입어도 체면 구긴다 생각지 않고, 명함에 찍힌 직위며 직책을 높이라 하지 않으며, 오로지 내 향상심을 쫓는 과정에서 존재감을 찾더라는 것이었다.

춤추는 박자가 다를지언정 엇박은 아니었다. 호흡이 잘 맞는 우리는 각자의 박자를 훌륭하게 보조했다. 그러면서도 생활에서 생기는 의사결정의 순간마다 용케도 접점을 찾아냈다. 그렇게 신혼 2년을 보내자 이런 생각이 들었다.

"자녀 양육이라는 큰 과제도 같이 해 볼 만하겠는데? 마음 맞춰 살아갈 사람이 한 명 더 있어도 좋겠다."

우리가 좋은 양육자, 최고의 양육자가 되리라는 확신은 없었다. 하지만 그와 내가 서로를 대하는 태도로 아이를 대한다면, 최소한 실격은 아닐 것이라는 생각이 들었다.

충분히 고민한 끝에 우리는 한 팀이 되기로 했다. 계획임신의 세계에 들어선 것이다. 하지만 임신이란 계획한다고 되는 것이 아니었다. 배란 초음파며 배란 테스트기로 배란일을 정확히 파악했는데도 야속한 임신 테스트기는 언제나 한 줄 선만 보여 줬다.

알고 보니 부부 모두에게 신체 이상이 없어도 자연임신에 길게는 일 년이 걸린다고 했다.

"임신이 이렇게 어려운 줄 몰랐어. 자식 낳고 키우는 건 뜻대로 안되는구나."

임신은 내가 살면서 겪은 일 중 '마음대로 되지 않는 일 1위'였다. 그동안 치러 온 시험이나 면접 같은 관문은 모두 객관적인 지표가 있었다. 어떤 문제를 왜 틀렸고, 어느 대목에서 당락이 좌우되었으며, 다음에는 어떻게 해야 결과가 좋을지를 가늠할 수 있었다. 하지만 아이를 만나는 일은 달랐다. 노력을 많이 한다고 해서 되는 것도 아니고, 노력을 안 한다고 안 되는 것도 아니었다. 아이를 만나는 일은 자발적 의지의 영역을 한참 벗어난 무언가였다.

그 사실을 배우기 위한 시간이 필요했던 걸까. 좌절을 거듭하며 아이를 간절히 기다리던 어느 날 남편 꿈에 웬 생물체가 나타났다. 회색 같기도 은색 같기도 한 고양이가 앞발로 현관문을 열며 "다녀왔습니다" 하더니, 안방 침대로 달려들어 벌렁 드러눕더라는 것이었다. 태몽이 뭔지도 모르는 남편이 꾼 꿈. 아이는 그렇게 찾아왔다. 태명은 '보고시뽀'의 시뽀. 일본어로는 꼬리(싯뽀 しっぽ)라는 뜻도 있다.

에도 시대부터 13대째 산부인과를 한다는 의사

선생님이 아이를 받았다. 출산과 동시에 시작된 육아는 끝없는 마라톤이었다. 수유 간격 늘리기, 등 센서 극복하기, 이앓이 달래기, 이유식 만들어 먹이기 등 한 코스를 넘으면 또 다음 구간이 기다리고 있었다.

에너지가 넘치는 아이는 폭염에도 혹한에도 나가 놀았다. 입이 트이기 전에는 현관 앞에 가서 신발 한 번 가리키고, 문을 쾅쾅 두드리는 식으로 외출 의사를 표현했다. 엘리베이터를 강력히 거부하며 오직 계단만 애용하고, 바로 앞에 횡단보도가 있어도 굳이 육교를 올랐다. 나는 인간이 아닌 만보계를 낳은 줄 알았다. 하루에 정확히 1만 보를 걸어 다니며 우리에게도 유산소 운동을 시켰으니까.

하지만 정말 어려운 것은 따로 있었다. 배고프면 밥 주고, 똥 싸면 기저귀 갈며, 도망가면 잡으러 다니는 육아는 몸으로 때우면 그만이었다. 하지만 그 다음은?

자녀교육에 일가견 있는 선배 부모들은 난초가 될 수 있는 아이를 잡초로 키워선 안 된다고 했다. 부모가 어떤 밑그림을 그려 놓느냐에 따라 아이 인생이 명작이 되기도, 졸작이 되기도 한다고도 했다. 아이를 어떻게 키울 것인지, 무엇을 가르칠지를 고민하는 단계가 시작된 것이다.

아이와 살기 좋은 곳은 지금, 여기

많은 사람이 예언했다. 아이가 태어나면 모든 것이 아이 중심으로 바뀔 거라고. 그중에는 "개인주의? 그게 아이 낳고도 되나 보자" 하는 핀잔도 있었다.

남편과 내가 개인 대 개인으로 접점을 찾으며 살아간다 해도, 아이를 낳고 기르는 일은 또 다른 문제다. 갓 태어난 아이가 성인처럼 의사를 표현하거나 자기 결정을 할 수 없기에 부모는 더 큰 고민과 인내에 빠진다. 엄마인 나 혼자 결정하거나 책임질 수 있는 영역도 아니다. 온전히 내 것도 네 것도 아니지만, 나의 책임이기도 너의 책임이기도 한 양육. 아이란 존재의 무게는 그리 가볍지 않다.

그렇기 때문에 부부가 가치관과 의견을 충분히 공유하고 논의하는 것이 더욱 중요하다. 가령 교육열에 불타는 아빠와 뛰놀며 추억을 쌓는 것이 중요하다는 엄마가 있다고 해 보자. 양쪽 모두 '이게 다 아이를 위해서'라고 이야기한다. 마음 맞아 결혼한 부부 사이에서도 의견이 극명하게 갈릴 정도이니, 양육 환경 문제로 부부는 물론 온 일가친척이 불화를 겪는 일도 많다.

또래 아이를 키우며 친분을 쌓는 '육아 동지' 사이에서도 양육관은 제각각이다. 나보다 앞서 양육을 경험한 친구들은 조건만 된다면 탈 한국, 탈 일본 하기를 권했다.

"남편한테 뉴질랜드 가서 살자고 하면 안 돼? 교육 때문에 이민 많이들 가잖아. 경쟁 안 시켜도 되고, 자연 속에서 키울 수 있어서. 인도네시아 비자가 있으면 발리도 좋겠다. 아빠랑 엄마가 일본어 한국어를 하니까 거기서 국제 학교 보내면 인도네시아어랑 영어까지 4개 국어 하면서 클 거 아냐. 나중에 커서 밥 굶을 걱정은 없겠다."

남편은 고개를 저었다.

"사는 장소가 아니라, 사는 방법이 중요하다고 생각해. 호주나 뉴질랜드 명문 학교에 들어가려는 아시아계 학생들 경쟁이 치열해. 아이 위해 좋은 환경 만들어 주겠다고 현지에 남은 내 친구들도 아이들 명문 학교 타이틀을 위해서 일본에서와 다를 바 없는 방식으로 교육을 하고 있어. 살아가는 방법이 같다면, 아이 입장에서 일본이든 외국이든 뭐가 다르지? 우리한테 무엇이 중요하고, 어떻게 살고 싶은지를 생각해 보자. 그것만 확실하면 어디서 살아도 아이는 잘 자랄 거야."

아이가 성장하는 장소를 바꾸는 것만이 좋은 양육 환경을 만드는 대안이 될 수는 없다. 지금 여기에서 변화를 모색할 용기만 있다면 어디든 '아이와 살기 좋은 곳'이 된다는 게 남편 뜻이었다.

수긍이 갔다. 남편과 나는 한국에 살든 일본에 살든 아이 개인의 권한을 지켜 주기로 했다. 교육 학자들이 권하는 학습 적령기가 되기 전에 무언가를 '선행'시키지 않고, 어린이의 과업인 놀이에 몰두하게 하는 것. 세상을 탐험할 충분한 시간을 주고, 그 시간을 함께하는 것. 그것이 남편과 내 임무라고 생각했다.

사회경제적 안정성을 시간의 유동성과 교환한 우리는 회사 밖 노동자를 자처했다. 일하는 시간과 소비하는 규모를 줄이고, 가족과 보내는 시간은 늘렸다. "무엇이 중요하고, 어떻게 살고 싶은가?"에 대한 답이었다.

성장의 주인공은 아이

일본은 한국 못지않게 교육열이 강하다. 아이가 기관에 들어갈 만큼 자랐을 때, 우리 부부 또한 각기 다른 교육관을 지닌 수많은 곳 중 어디에 지원해야 할지 퍽 난감했다.

어떤 유치원은 다국적 인재를 키우기 위해 외국어 교육을 1순위로 둔다고 했고, 또 어떤 유치원은 초등학교에 입학했을 때 뒤처지지 않도록 기본 학습력을 기른다고 했다. 입학만 하면 명문 초, 중, 고, 대학교로 연달아 진학할 수 있는 명문 유치원도 있었다. 사회의 엘리트를 양성하는 곳이었다.

그런 기관은 아이뿐만 아니라 부모 면접도 보았다. 부모가 우수한 교육을 받고 교양을 갖추고 있는지, 가정에서 어떠한 학습 환경을 제공하고 있는지, 자녀를 인재로 키우는 데에 어느 정도 열의가 있는지를 확인하는 자리라고 했다. 동아시아 국가에서 교육과 입시는 아이들 개개인이 출전하는 '개인전'이 아니라 온 가족이 똘똘 뭉쳐 대항하는 '단체전'이라 했던가. 아이보다 부모의 배경을 중요하게 보는 느낌이었다.

생각보다 많은 갈림길 앞에서 고민이 밀려왔다. 내 진로라면 이렇게까지 어려웠을까? '아이이기 때문에, 나의 선택이 아이에게 영향을 미칠 수 있기 때문에 많은 부모가 좀 더 좋은 것을 찾는구나' 하는 생각이 들었다.

그러나 아무리 '나의 아이'라 해도 내가 아이 인생을 대신 살아줄 수는 없는 노릇이다. 우리 부부는 부모의 욕심을 앞세워 아이의 무의식에 영향력을 행사하고 싶지 않다는 데 동의했다. 내 배 아파 낳은 내 자식이지만, 그 아이의 성향과 선택은 나와 또 다를지도 모르니까. 나와 다른 모습의 상대방을 이해하고 배려한다는 개인주의자의 기본 철칙은 아이에게도 해당된다.

다행히 아이가 그동안 보여 준 특징이 훌륭한 이정표가 되었다. 시뽀는 가만히 앉아 학습지를 하거나 정해진 교구를 갖고 노는 것에는 별다른 흥미가 없었다. 바깥에 나가 이유 없이 운동장 수십 바퀴를 돌고, 다리가 아프면 그대로 주저앉아 돌멩이로 케이크를 쌓고 나뭇가지를 꽂아 촛불을 불었다. 그러다 충전이 되면 다시 온 동네를 돌며 모양 다른 나뭇잎 수십 종을 수집했다.

곤충 채집함을 들쳐 매고 봄에는 무당벌레 여름에는 매미를 잡으러 쏘다녔고, 어떻게 잡았는지 도마뱀을 들고 와서 집에서 키우자고 졸라댔다. 아빠 따라 낚시 다니며 물고기에도 눈떴다. 참돔, 돌돔, 흑돔, 벵에돔 등 내가 알지도 못하는 온갖 물고기의 이름과 특징을 읊으며 나름의 시야를 넓히고, 자신이 직접 경험한 것을 책에서 다시 한 번 찾아보기를 좋아했다. 그런 아이에게 맞는 유치원은 운동장이 넓고 나무가 많은 곳이어야 했다.

운동장 크기 순으로 정렬해 1차 목록을 추리고,

최종적으로 아이가 선택한 유치원은 학습을 일절 시키지 않는 곳이었다. 학원가의 자가용 깜빡이가 늦은 밤까지 붉은 행렬을 이루는, 이 도시에서도 교육열 가장 뜨거운 동네에서 히라가나도 알파벳도 가르치지 않는 곳이라니! 정원보다 지원자가 적었다.

하지만 면접은 예정대로 이루어졌는데, 선생님들은 남편과 내가 어떤 수준의 교육을 받아 왔고 무슨 일을 하는지에 대해서는 아무런 관심이 없었으며 오로지 아이만 관찰했다. 교실에서 아이들을 지켜보며 이곳 환경을 좋아하는 것 같은지, 친구들을 어떻게 대하는지를 살폈다. 결과는 당연히 합격이었다.

아이는 그곳에서 친구들과 머리를 맞대 그날그날의 놀이를 찾아다녔다. 돌 하나를 갖고도 어느 날은 징검다리를 만들어 놀고, 어느 날은 굴리며 놀고, 어느 날은 탑을 쌓으며 놀았다. 선생님들은 아이들을 지식 전수의 대상으로 보지 않았다. 교육 목표는 무엇을 하고 싶은지 스스로 생각할 수 있고, 그 과정에서 친구들과 협동하는 데 있었다.

그 모습은 내가 이상적이라 생각하는 유년기 모습과도 맞닿아 있었다. 나는 아이의 놀이와 교육이 소비로 해결되는 것을 원하지 않는다. 자극을 돕고 발달을 촉진한다는 값비싼 장난감이 없어도, 물

건너온 유명 교재나 교구가 없어도 인간의 내면에는 스스로 성장할 수 있는 힘이 존재한다고 믿는다. 창의력과 상상력은 어른이 짠 프로그램을 수행할 때가 아니라 아이가 제 힘으로 놀고 배울 때 움튼다고 믿는다.

너른 공간과 또래 친구만 있으면 무엇이든 할 수 있었던 전래놀이에 가장 큰 지혜가 있다고 생각한다. 어떤 놀이를 할 것인지, 모둠을 나눈다면 어떤 기준으로 분리할 것인지, 너무 어린 친구는 어떻게 놀이에 참여시킬 것인지 의논하는 과정에서 아이들은 자신의 목소리를 내는 법과 친구의 목소리를 듣는 법을 배운다. 교육 상품이 아닌 사람 속에서 성장하는 것이다. 그러니 어른들은 아이들이 스스로 성장할 수 있도록 기회를 주고, 관찰하고, 보호하는 역할을 맡았으면 하는 것이 내 생각이다.

유치원에서 배운 부모 수업

아이 성향에 맞게 선택한 유치원은 그런 곳이었다. 선생님들은 모든 아이가 똑같은 속도로 성장하길 바라지 않았다. 기저귀 떼는 것만 해도 그랬다. 입학 당시 아이들은 배변훈련 완료 비율이 반반이었는데, 아이에게 "친구들이 다 기저귀를 떼었으니 너도 그래야 해" 하며 부추기지 않았다. 그렇게 한 명 한 명을 끝까지 기다려 주자, 대부분 특별한 노력 없이도 배변훈련이 끝났다.

첫돌에서 두 돌 사이에 반복적인 연습을 시키지 않아도 되는 거였다니. 기저귀 떼기가 이렇게 간단하다니! 어쩌면 부모와 아이의 고생은 무언가를 '정해진 시기보다 빨리 하려 했을 때'나, '다른 아이들과 똑같은 시기에 해내려 할 때' 생길지도 모른다는 생각이 들었다.

내가 가장 마음에 들었던 것은 유치원이 아이들을 작은 개인으로 존중하는 모습을 보여 준다는 것이었다. 미술 시간에는 "오늘은 이걸 만듭시다"가 아닌, "오늘은 어떤 걸 만들고 싶나요?" 하고 의견을 묻는 것이 가장 먼저였다.

연말, 한 해 동안 만든 작품을 소개하는 전시회에서 같은 반 어린이들은 모두 다른 작품을 내놓았다. 만화 캐릭터를 좋아하는 어린이, 반려동물을 좋아하는 어린이, 그림 그리기를 좋아하는 어린이, 점토놀이가 좋은 어린이 등 모두가 다양한 결과물을 탄생시켰다.

우리 아이는 그림책을 만들었다. 절반은 히라가나를 닮은 외계어로, 절반은 한글을 닮은 외계어로 쓰인 책이었다. 획일화된 키트를 이용해 수업을 하거나, 하나의 견본을 보여 주고 그것을 흉내내게 했다면 각자의 개성이 담긴 작품은 탄생하지 않았을 것이다.

유치원이 아이를 대하는 방법을 지켜보며 나도 점차 부모로서의 중심을 잡아 나갔다. 아이 삶의 밑그림을 짜임새 있게 그려 놓아야 한다는 생각을 내려놓고 펜을 아이 본인에게 쥐어 주기로 한 것이다. 밑그림이 대단하지 않으면 어떠랴. 살아가면서 빈 공간에 채우고 싶은 것들이 자연히 생겨날 테고, 그때마다 부분 부분을 제 힘으로 채워 가면 되는 거다. 오히려 완벽하고도 빼곡하게 그려진 밑그림이 다른 가능성이 들어올 자리를 차지해 버릴지도 모를 일이다. 잡초처럼 어디서든 뿌리내려 자생할 수 있는 아이를, 누군가의 손길 없이는 생존하지 못하는 난초로 만들어서는 안 되겠다고 생각했다.

자신의 욕망을 욕망할 권리

우리는 아이가 그날그날의 주도권을 쥐고 재밌게 커가는 모습을 흐뭇하게 바라보았다. 시아버지는 말씀하셨다.

"옛날 아이들은 태어날 때부터 미래가 정해져

있었지. 부모 직업을 자녀가 대를 이어 해내야 했어. 13대째 이어져 왔다는 그 산부인과처럼 나고야에 사는 많은 핫토리들이 의원을 했어. 우리 집도 그랬다. 다른 일을 하고 싶어도 일단 의대를 졸업하는 성의 정도는 보여야 했지. 그때 같았으면 시뽀도 저렇게 자라지 못했을 거다. 지금은 원하지 않으면 가업을 잇지 않아도 좋은 세상이야. 의사가 되지 않을 권리가 있는 거지. 겨우 이런 세상이 왔는데, 부모가 아이들 살아갈 방법을 정해 버리면 안타깝잖아. 이제 우리 집 모토는 '각자 좋을 대로 살자'로 해야겠다. 각자가 자신에게 좋은 것이 무엇인지를 생각할 수 있는 힘을 기른다면 세상이 아무리 변해도 자기 길을 찾아갈 수 있어. 너도 마찬가지다. 엄마가 되었다고 눈치 보거나 망설이지 말고 너 좋을 대로 살아. 나 젊을 땐 남자는 집 밖에서 일만 해야 되는 줄 알아서, 애들 셋을 낳았지만 키우는 즐거움은 느끼지 못했어. 그래서 지금은 아이 보는 게 제일 좋다. 한 인간이 태어나서 저렇게 자라나는구나. 그걸 관찰하는 게 제일 재밌다. 그러니 너도 나이 들어 후회 말고 하고 싶은 대로 해라."

실로 울림 있는 이야기였다. 시아버지만큼 옛날 사람은 아니지만, 내가 어릴 때도 그런 분위기가 있었다. "아빠는 밖에 나가서 돈을 벌고, 엄마는 집에서 살림을 하고, 학생인 우리들은 본분인 공부를 열심히 하는 것이 가족을 위한 역할입니다" 하는 암묵적인 규칙이 존재했다. 이렇게 역할이 고착화된 가족 관계 속에서는 개인이 원하는 것을 추구하며 살아가기 어렵다. 자신의 삶에서 성취했어야 할 것을 가족의 다른 구성원이 대신 이루어 주기를 기대하는 일도 발생한다.

반면, 각자 좋을 대로 사는 가정에서는 엄마가 일을 하고 아빠가 애를 봐도 이상하지 않다. 아이의 본분은 단지 학습이 아니라, 개인의 가능성을 찾아가는 데 있다. 이런 가족 관계 속에서 부모는 아이에게 자신이 못다 한 일을 투사하지 않아도 된다. 엘리트가, 공직자가, 의사가 되고 싶은 사람이 직접 하면 되니까.

아이는 부모의 욕망을 욕망하는 존재라 했던가. 그렇다 해도 그 마음을 이용해 내 욕망을 채우고 싶지는 않다. 남편과 나는 아이가 자신의 욕망을 욕망하길 원한다. 더불어 나는 나의 욕망을, 남편은 남편의 욕망을 위해 살아갈 수 있으면 좋겠다. 그 과정에서 유년기의 운동장에서 배운 능력을 꺼내야 한다. 개개인이 함께 살아가기 위해 내 목소리를 내고 네 목소리를 들으며 박자를 맞추어 가는 바로 그 능력을.

19. 남편이 유치원 미싱 왕이 되었다

남편은 싱글파파? 나는 유명 작가?

친구들 아들딸이 중학교 갈 때 남편은 신생아를 품에 안았다. 우리 집 세탁기에는 교복 셔츠가 아닌 배냇저고리가 윙윙 돌았다. 앙증맞은 아기 옷을 널고 개던 남편은 흐뭇한 얼굴로 말했다.

"나이가 들면 호르몬이 바뀌나 봐. 옛날에는 아기들 예쁜 줄 모르겠더니, 몇 년 전부터 너무 좋은 거 있지?"

나이 마흔에 아이 어르고 달래는 재미를 발견했다는 남편은 낮 시간 육아를 도맡았다. 늦은 밤이며 토요일에 일을 보충하는 대신 매일 낮 육아를 했다. 한낮의 육아와 가사는 언제나 한 세트. 아침마다 나와 함께 설거지며 빨래, 청소를 한 후 쓰레기를 버리러 나가는 것이 오전 일과였다.

우리 부부는 신혼 때부터 가사 분담을 명확하게 하지 않았다. 서로의 생활 패턴을 알아 나가면서 자연스럽게 역할 분담이 이루어진 쪽이다. 트러블이 아예 없었던 것은 아니지만, 조율이 가능했고 각자 눈 앞에 보이는 일을 그때그때 했기 때문에 크게 문제가 생긴 적은 없다. "어제도 제대로 눕지도 못하고 책상에 엎드려 자던데. 이 설거지 지금 내가 안 하면 나중에 남편이 해야 하니까 힘들겠지?" 하는 마음이었는데, 남편도 나와 같은 생각을 하는 것 같았다.

이런 우리를 보고 어른들은 "부부는 원래 측은지심으로 산다. 결혼을 시작하는 건 불 같은 연애 감정 때문이지만, 결혼을 이어가는 건 서로의 힘듦을 알아주고 안쓰럽게 여기는 감정이 있어서야"라고 했다. 자연스러운 역할 분담을 만든 것도 바로 그 측은지심이었다.

시간이 흐르자 가사에 참여하는 사람이 하나 더 늘었다. 쓰레기 버릴 때 반드시 동참해야만 직성이 풀리는 그대 이름은 시뽀. 걸음마를 시작하자마자 남편을 따라 나선 아이는 겸사겸사 동네 한 바퀴

돌며 산책을 하고 왔다.

춤추고 노래하며 돌아다니는 산책은 꽤 시끌벅적 요란했는데, 아이가 나타나면 동네 사람이 인사를 하러 나타나곤 했다. 목소리가 들리기를 기다렸다가 작은 장난감이나 과자를 쥐여 주러 오는 거였다. 그런 일상이 동네 할아버지, 할머니들께도 작은 활기가 되는 듯했다.

여느 때처럼 외출을 한 어느 날, 낯익은 동네 아주머니가 조심스러운 목소리로 남편에게 물었다.

"저 그런데, 싱글파파이신 거죠?"

애 엄마는 안 보이고, 남들은 다 출근하고 없을 시간에 아빠와 아이 둘만 돌아다니니 싱글파파라는 결론을 내렸나 보다. 어쩌면 그 아주머니가 솔직했을 뿐 다른 주민도 그렇게 생각했을지 모른다.

이 얘기를 들은 나는 "그렇게 보일 수도 있겠네!" 하고 웃음을 터뜨렸지만 어딘지 이상하기도 했다. 엄마가 아이를 데리고 매일 외출한다고 해서 "싱글맘이신가 봐요?"라는 얘기를 하는 경우는 없었으니까.

아니나 다를까 엄마의 존재를 궁금해한 사람은 아주머니뿐만이 아니었다. 바로 아랫층에 사는 남편 형의 친구도 "저 애는 또 아빠랑 나오네. 엄마는 잘 있나? 도대체 뭐 하는 사람일까?" 하는 생각이 들었나 보다. 이 얘길 들은 남편 형은 "당연히 잘 있지! 아이가 두 돌쯤 돼서 이제 일도 시작했고, 블로그에 여행기도 쓴다고 하더라고. 재주가 많은 것 같아" 하고 답했는데, 눈송이처럼 가벼웠던 이 대화는 눈덩이처럼 부풀려졌으며 머지않아 맨션 구석구석에 소리 없이 쌓였다.

내가 한국에서 온 유명한 작가라고 소문이 난 것이다! 블로그에 글 좀 끼적였을 뿐인데 유명이라니요? 작가라니요? 남편이 싱글파파가 아니라는 사실이 밝혀진 건 다행이었지만 해명해야 할 일이 또 하나 늘었다. 그렇다고 해서 지나가는 이웃을 막무가내 붙잡고 "저기요, 저 유명 작가 아닌데요" 할 수도 없으니 어쩌면 좋단 말인가?

이 소식을 들은 한국의 가족들은 "이렇게 된 이상 지금부터라도 글쓰기를 갈고닦는 수밖에 없겠다" 했고, 나는 거짓말을 하지 않았으면서도 거짓말을 한 것 같은, 이러지도 저러지도 못하는 신세가 되었다. 가족 역할이 조금 다르다고 해서 이런 사달이 날 줄이야.

아빠의 육아도 엄마의 일도 순탄치 않다

"엄마가 유명 작가 정도는 되어야 아빠가 육아하는

게 이상하지 않아 보이는구나!"

나도 모르게 한탄이 나왔다. 당시 내 상황을 한마디로 정리하자면 결혼 이주 여성이자 경력 단절 여성이었다. 국외 이주로 한 번 끊긴 경력이 출산으로 다시 한 번 끊겼다고 할까? 토막 난 경력을 어떻게든 이어 붙이려 안간힘을 쓰던 시기였다.

한국에서 콘텐츠 제작을 하던 나는 경험을 내세워 일본에서도 프리랜스로 일을 했다. 주변에서는 어떻게든 도움을 주기 위해 엄마 제비처럼 일거리를 물어다 줬다. 할 수 있는 일이라면 가리지 않고 뭐든 받았다. 전단도 만들고, 웹자보도 만들고, 카드 뉴스도 만들고, 영상물도 만들었다. 반응도 좋고 재미도 있었다. 하지만 오만 걸 하다 보니 내가 정확히 뭘 하는 사람인지 알 수 없을 지경이 됐고, 무엇 하나 전문적으로 하지 못하고 있다는 자책에 시달렸다.

내가 스스로 따낸 것이 아닌, 지인들이 주는 일을 한다는 것도 괴로웠다. 내 능력이 뛰어나서라기보다는 그저 '아는 사람'이라서 주어진 일을 한다는 사실에 자꾸만 주눅들었다. 누구의 아내, 누구의 며느리라서가 아닌 '나라서' 들어오는 일을 하고 싶었는데 말이다.

그렇게 발을 동동 구르며 제자리걸음 하는 동

안 아이는 남편과 시부모님께 맡겼는데, 이번에는 "내가 시간 도둑은 아닌가?" 하는 반성에 빠졌다. "일을 하겠답시고 남편의 시간, 시부모님의 시간을 빼앗아 써도 되는 걸까?" 하는 마음이었다.

아이와의 시간도 그랬다. 다시는 돌아오지 않을 아이의 유년기를 매일 함께하고 싶다는 엄마로서의 욕구와, '지금 기반을 제대로 닦지 않으면 나중에는 정말로 하고 싶은 일을 하기 어려워진다' 하는 개인의 욕구가 치열하게 부딪혔다.

남편은 이런 나를 보며 "자책도 참 창의적으로 한다" 했다. 살면서 한 번도 못 들어본 시간 도둑이라는 단어를 도대체 어떻게 만들어 냈냐는 것이다.

"나는 그냥 양육이 너보다 적성에 잘 맞을 뿐이야. 육아는 아빠가 짊어져야 할 의무가 아니라 누려야 할 권리라는 생각이 들거든. 나는 아이 보는 게 재밌으니까 아이를 보고, 너는 분주하게 뭔가를 해야지만 안심이 되는 사람이니까 지금처럼 계속 해 나가면 되지 않을까? 엄마의 그런 모습이 아이한테 좋은 자극이 될 수도 있잖아. 서로 편한 걸 하면서 살자."

서로의 특징을 알고, 원하는 모습대로 살도록 도우면서, 각자가 할 수 있는 역할을 해 나가는 관계. 남편이 생각하는 부부 역할에는 어떠한 구분이나 경계도 없었다. "아빠가 하고 싶은 역할을 아빠가 하고, 엄마가 하고 싶은 역할을 엄마가 하자"라는 단순 명료한 주장을 들으며 나는 조금씩 중심을 잡아 나갔다.

역시, 아빠도 할 수 있네요

3년 7개월의 가정보육 끝에 아이는 첫 사회생활을 시작했다. 학부모가 되었다는 감격은 잠시, 어마어마한 폭탄이 떨어졌다. 준비물 폭탄이었다. 보조가방, 실내화 가방, 급식용 테이블 매트, 앞치마와 손수건, 컵 파우치… 열 손가락을 다 동원해도 셀 수 없는 목록이 눈 앞을 가득 채웠다. 여기서 놀라운 점은 각 기관마다 요구하는 규격이 제각각이라는 거였다. 그 규격이 기성품과 맞아떨어진다면 운이 좋다고 할 수 있겠지만, 그렇지 않은 경우에는 전문가에게 제작을 맡기거나 학부모가 직접 재봉틀을 돌려야 했다.

손수건 하나에도 규격이 있다니. 일본 학부모에게는 익숙한 일인지 모르겠으나 한국 학부모로서는 엄청난 충격이었다. 몇몇 한국 엄마들은 놀란 마음에 이렇게 말했다.

"다른 나라 엄마들은 그냥 사서 준비하는 걸, 일본 엄마들은 희생을 너무 많이 하네요."

손수건이 뭐라고 규격을 일원화하는지, 각자 마음에 드는 크기의 손수건을 갖고 가면 안 되는 건지, 나 역시 쉽게 납득이 가지 않았다. 하지만 작은 궁금증도 일었다. 왜 우리는 재봉을 자연스레 '엄마의 희생'이라는 여성 역할로 연결 짓고 있을까? 아빠들에게 이 역할을 나누어 주면 어떨까?

아이의 보호자 중 한 사람인 남편을 소환했다.

"일주일에 한 번 싸는 도시락은 내가 맡을게. 준비물은 네가 담당하면 좋겠어."

남편이라고 재봉에 자신 있을 리 없었다. 하지만 우리에게는 언제 어디서나 가르침을 주는 스승 유튜브가 있다! 그날부터 남편은 이런 영상 저런 영상을 보며 눈으로 재봉을 배웠다. 며칠 후, 그는 솥뚜껑만한 손으로 바늘에 실을 꿰고 귀여운 알파카가 가득 그려진 핑크색 천에 박음질을 시작했다. 그러자 완벽한 규격, 귀여운 패턴, 예쁜 배색 삼박자가 갖추어진 멋진 결과물이 대거 탄생했다.

"역시, 아빠도 할 수 있네요. 꼼꼼하게 잘 만드셨어요."

남편 손끝에서 만들어진 아이 손수건이며 가방은 선생님들 마음을 사로잡았다. 앞으로 입학할 아이들을 위한 견본으로도 손색없어 보였는지 남편 작품은 우수 샘플로 선정되어 유치원에 전시되었다. 그는 자신이 바느질에 소질이 있는 것 같다며 으쓱했다. 그 후 남편은 우리 집 옷 수선 담당자가 되었다.

성취지향적인 엄마와 별명이 '주부'인 아빠. 암묵적으로 정해진 역할에서 한발 벗어나, 개인을 기준으로 역할을 나누니 남편도 나도 자신에게 꼭 맞는 모습으로 생활할 수 있었다.

개인을 소멸시키지 않는 육아

많은 사람이 결혼과 육아라는 선택지 앞에서 멈칫한다. 그것을 택하는 순간 '남편과 아내' 혹은 '아버지와 어머니'라는 역할을 얻게 될 것이며, 개인으로서 '나'라는 존재는 가장 나중 순서로 밀려날 것만 같아서다.

그럴 만도 하다. 아이를 얻으며 새로운 차원의 행복을 경험하는 것은 분명하지만 잃는 것은 또 얼마나 많은가. 반려동물을 키우는 일만 해도 때맞춰 먹이고, 씻기고, 아픈 곳은 없는지 세세하게 살피며 끊임없이 신경을 쓴다. 하물며 사람 키우는 일은 오죽할까. 단순히 먹이고 씻기는 정도를 넘어 아이를 안전하게 보호하고, 적절하게 교육하고, 어엿한 한 사람으로 성장하게 돕는 일은 강도 높은 돌봄을 전제로 한다.

육아와 경제 활동이 한 공간에서 이루어졌던 과거와 달리 지금은 양육과 생계 활동을 병행하기조차 쉽지 않다. 양육자가 자신을 희생하는 것은 물론이고, 양가 부모님의 노동력이나 베이비시터에 의탁하지 않고는 현실적인 돌파구를 찾기 힘들다.

오랫동안 논의해서 계획임신을 한 우리 부부도 시부모님 도움 없이는 일과 육아를 병행하기 어려웠다. 급한 순간에 도움 청할 데 없는 이들에게 출산과 육아는 얼마나 힘든 고비일까? 옛 할머니들이 구전가요처럼 읊던 “내가 먹을 것 못 먹고 입을 것 못 입고 자식에게 헌신하며 뒷바라지 했다”까지는 아니더라도, 양육은 웬만한 각오와 계획 없이는 해내기 힘들다. 그 현실 앞에서 ‘개인’이란 사치스럽게 느껴질 만도 하다.

그렇기 때문에 더더욱 개인을 잃지 않도록 도와야 한다. 아이를 낳아 기르면서도 개인으로 존재할 수 있게 하는 사회, 문화, 공동체가 있다면 어떨까? 비혼과 저출생이라는 위기 앞에 개인주의를 이기적이라 비난하지 않고, 개인이 자기 삶을 영위하게 하는 사회적 안전망이 필요하다.

내가 사는 지자체에는 양육자의 육아 피로를

해소하기 위한 '리프레시 일시 보육 제도'가 있다. 부모가 자신만의 개인적 시간을 갖거나 휴식하고 싶을 때 시에서 아이를 봐 주는 시스템이다. 지역 NPO에서는 아이 맡길 데 없는 프리랜스에게 공유 오피스를 제공하고, 양육자가 그곳에서 일하는 동안 아이 돌봄을 도맡는다. 경력을 이어가고 싶지만 주변 도움을 받을 수 없거나 베이비시터 고용이 힘든 이들에게 더없이 고마운 시설이다. 아직은 충분하다고는 할 수 없지만, 이런 제도가 늘어가는 걸 보면 기쁜 마음이 든다.

"개인주의라고? 딩크로 살 거면 몰라도 애 태어나면 불가능할걸?"

이런 목소리에는 가족과 개인이 공존하기 어려운, 양자택일의 가치라는 생각이 담겨 있다. 우리가 앞으로 내어야 할 목소리는 "이제 육아에도 개인주의가 필요해. 개인을 소멸시키지 않으면서도 함께 사는 방법을 찾아보자"가 아닐까.

남편과 나는 아이를 낳고 함께 살아가는 일이 '개인주의자라서 할 수 없는 것'이 아니라, '개인주의자니까 할 수 있는 것'이라 생각한다. 개인주의자의 육아란 '개인의 행복과 만족만을 추구하고 부모로서의 의무와 역할을 거부한다'는 모습과는 거리가 멀다. 서로에게 일정한 역할이 주어진다는 것을 수긍하고, 그것을 균형 있게 분담하는 육아. "그래, 네가 잘할 수 있는 역할은 그거구나. 그럼 내가 이 역할을 해볼게. 다른 집들은 보통 저렇게 한다지만 우리는 이렇게 한 번 해보자" 하며 조율과 협의에 공을 들이는 육아다.

개인주의는 '결혼도 안 하고 아이도 안 낳으며 국가 공동체를 생각하지 않는 이기주의'도 아니다. 개인은 국가 번영을 위한 도구나 수단이 아니기 때문이다. 오히려 그 반대다. 국가와 공동체가 개인을 살피고 위할 때, 어떤 형태로 살든 개개인이 잘 살아갈 수 있을 때야말로 아이들은 탄생하고 성장할 것이다.

그러니 개인주의가 출산과 육아의 걸림돌이라는 시선을 거두어 보자. 조금만 다른 각도에서 보면 개인주의는 아이, 부모, 가족, 이웃 모두를 더 나은 삶의 방향으로 인도하는 디딤돌일 수도 있다.

20. 너는 올림픽 때 한국 응원해, 일본 응원해?

남편과 내가 400년 전에 태어났다면

남편과 "우리가 옛날에 태어났으면 어떻게 됐을까? 이 결혼이 가능했을까?" 하는 이야기를 나눈 적이 있다.

내가 자란 곳은 통영. 잘 알려져 있듯 통영은 임진왜란 당시 이순신 장군의 주무대였다. 통영이라는 도시 이름도 당대 해군 관청이라 할 수 있는 '삼도수군 통제영(三道水軍統制營)'에서 따온 것이며, 왜군과 대치한 여러 해전이 일어난 격전지였다. 나는 그 소도시에서 봄이면 이충무공 탄신일을 맞아 난중일기를 읽고 여름이면 한산대첩을 기념해 거북선 그림을 그리며 자랐다.

남편은 일본 나고야 출신이다. 나고야로 말하자면 임진왜란을 일으킨 당사자 도요토미 히데요시의 주무대였다. 도쿠가와 이에야스, 오다 노부나가 같은 일본 전국시대 인물도 나고야와 주변 지역 출신이다.

나고야에서 가장 인기 있는 공원 중 하나는 도쿠가와 가문이 시에 기증한 땅이다. 시부모님이 키우던 고양이가 무지개다리를 건넌 날, 반려동물 장례를 치르기 위해 찾은 동네 절은 오다 노부나가의 아버지를 위해 지은 절이다. 그와 나의 생활 반경에만도 이렇게 많은 역사가 녹아 있다.

나와 남편이 1592년 통영과 나고야에서 태어났다면 어떻게 됐을까. 사사로이 적국 배우자를 선택해 결혼하는 일은 쉽지 않았을 것이다. 연애나 결혼, 출산과 육아는커녕 목숨을 부지하기도 어려웠을지도 모른다.

지금은 그 사사로운 일이 개인의 기본권이 되었다. 아무리 사이가 좋지 않은 나라라 하더라도 다른 국가 시민과 결혼하는 것이 법적으로 제한되거나 불이익을 받지 않는다. 사람들도 국가와 정치, 개인을 분리해서 바라본다. 태어난 국가와 주어진 국적이 개인의 선택이 아니며, 한 국가를 구성하는 사람이라 해도 각기 다른 신념을 지닌 별개의 인격체라는 것을 알고 있기 때문이다.

내가 체감하기에도 그렇다. 같은 국적이라 해서 일본의 극우 정치인과 내 남편을 동일시하는 사람은 거의 없다. 친척이나 친구들도 남편을 외국인으로 대하기보다는 최민지의 배우자로 대하는 경우가 대부분이다. 일본 제품 불매운동 시기에 한국을 방문한 내 일본인 친구는 서울에서 친절한 사람들을 만나 크고 작은 도움을 받았다고 했다. 국적이 다른 개인이 만나 가정을 꾸릴 수 있었던 데에는 이러한 시대적, 사회적 배경이 크게 작용했다.

일국적 정상가족에서 초국적 세계 가정으로

과거에는 배우자를 같은 부족 안에서 찾았다. 그러다 점차 이웃 마을로, 가까운 소도시로, 머나먼 대도시로 생활 반경이 확대되면서 한 가족을 구성하는 식구들의 출신 지역도 넓어졌다. 하나의 언어, 같은 여권을 사용하지 않는 사람 간의 결혼 역시 특별하지 않은 일이 되었다. 하지만 여전히 일국적 정상가족의 틀을 느낄 때가 있다.

국적이 다른 부모 사이에 태어난 우리 아이는 속인주의 원칙에 따라 양국 국적을 모두 취득했다.

일본에서는 나고야에서, 한국에서는 통영에서 출생신고를 했다. 임진왜란의 두 도시에 나란히 주민등록을 한 것이다.

행정 절차는 순조로웠다. 하지만 아이가 한국인이면서 일본인이고, 일본인이면서 한국인이라는 사실을 정서적으로 수용받는 것은 어려웠다. 특히 이런 질문을 받을 때 난처했다.

“아빠가 일본인이면 아이도 일본인이어야지. 왜 한국에도 출생신고를 해? 국적은 아빠 따라가는 거 아니야?”

“엄마가 한국인이면 한국에도 출생신고를 해야 된대요. 안 하거나 늦으면 벌금도 내야 돼요.”

답은 했지만, 마음이 개운치는 않았다. 한 사람은 하나의 국적을 가질 것이며, 그 국적이란 으레 부계를 계승하리라는 인식을 정면으로 마주했기 때문이었다.

한 세대 위 국제부부들은 모국어를 가르치는 일도 어려웠다고 한다. “두 언어를 동시에 가르친다고? 그러다 하나도 제대로 못 해. 모국어는 하나여야지. 한 언어에만 집중해” 하는 주변 만류에 이중언어 교육을 시작도 못하고 포기하는 경우가 많았다 했다.

그러나 추성훈 선수의 딸 사랑이가 육아 예능

프로그램에 등장하면서 상황은 크게 달라졌다. 아빠는 아빠의 모국어로, 엄마는 엄마의 모국어로 아이와 대화할 때 자녀가 두 언어 모두를 모국어로 습득하는 모습을 전국에 생중계한 덕이다.

국가와 개인을 바라보는 시각이 변했고 외국인에 대한 수용에도 관대해졌는데, 왜 개인의 정체성에 있어서는 유독 일국 민족주의를 강조할까? 그동안의 우리에게 동화주의는 있었지만 진정한 의미의 다문화가 없었기 때문인지도 모른다.

지금까지 다문화 차별을 방지하기 위한 캠페인은 '엄마가 외국인이지만 아이는 한국인입니다', '엄마가 외국인이라도 김치를 이렇게 잘 먹습니다' 하는, 한국인으로서의 정체성만을 강조하는 메시지를 담아 왔다. 언어에 있어서도 결혼 이주 여성 엄마의 모국어를 적극적으로 계승하는 가정은 드물었으며, 부모 중 하나가 외국인이기 때문에 한국어를 더 열심히 공부하도록 했다.

엄마들에게도 그랬다. 이국에서 온 여성에게 "이제 한국 사람 다 됐네" 하는 말은 최고의 칭찬이었다. 만약 일본인 이웃이 내게 "이제 한국인 같지 않고 일본인 다 됐네요"라고 한다면 어떤 마음이 들까. 칭찬에 대한 감사는커녕 결례라 느낄 것이다.

한국방송통신대학교 성미애 교수는 '핏줄 의식과 다문화 사회'라는 글에서 "외국인 며느리는 다문화가족 내에서 새로운 문화적 자극을 주면서 가족을 변화시키는 존재가 아니라 전통적인 한국 가족을 지탱하는 역할을 담당하고 있음을 알 수 있다"라고 했다.(《한국 가족을 말하다》, 하우출판사, 2015)

지금까지의 국제결혼이 삶의 모습을 다양하게 확대했다기보다는, 정상가족과 가부장제를 강화해 온 것이다.

변형된 순혈주의나 일국적 정상가족의 틀을 벗어나, 한 사람이 있는 그대로의 정체성을 간직하는 일은 불가능할까? 여러 문화권에 살며 다양한 초국적 가정을 접해 온 남편은 아이가 전형적인 일본인이 되어서는 안 된다고 거듭 강조했다. 그렇기에 아이를 데리고 더 자주 한국에 갔다. 더 많은 한국 노래를 함께 부르고 더 많은 한국 음식을 만들어 먹었다. 하나의 국적과 정체성을 뛰어넘기로 한 것이다.

둘 중 한 팀만 응원해야 하나요

우리의 노력에도 불구하고 아이는 여전히 이런 질문을 받는다.

"올림픽 때 너는 일본 응원해, 한국 응원해?"

복수국적 어린이에게 어른들이 흔히 던지는 농담이다. 아이가 어떤 스포츠팀을 응원하는지 순수하게 궁금해서 나온 물음은 아닐 것이다. 이 질문의 속내는 이렇다. '네가 어느 나라 사람이라고 생각하니? 너 어느 쪽이야?'

이것은 "너는 일본 문학가를 좋아하니, 한국 문학가를 좋아하니?", "너는 일본 화가를 좋아하니, 한국 화가를 좋아하니?"라는 물음과는 느낌이 또 다르다. 문학이나 그림, 음악은 복수 선택의 여지가 있다. "저는 토토로와 뽀로로를 좋아합니다"라는 응답도 얼마든지 가능하다. 하지만 올림픽이나 월드컵은 복수의 선택을 허용하지 않는다. 양자택일 질문을 통해 국가적 정체성을 확인하고자 하는 마음이 담겨 있기 때문이다.

때문에 남편과 나는 이 질문이 아이들에게 묻기에 썩 적합하지는 않다고 생각한다. 미래 세대 아이들까지 스포츠를 1920년대의 방식으로 소비하게 만들고 싶지는 않으며, 개인의 정체성이 반드시 한 나라 국민으로 정의되지 않아도 된다고 믿기 때문이다.

새로운 대화를 만드는 방법

이 이야기는 단지 국제결혼 가정에만 국한되는 것이

아니다. 국어만큼이나 외국어 교육을 중요하게 여기고, 학업이나 업무의 영역이 국경을 넘나드는 시대에 우리는 누구나 초국적으로 살아갈 가능성이 있다.

구성원 일부가 외국에, 일부는 한국에 떨어져 사는 가정이나, 부부 모두 한국인이지만 외국에서 자녀를 낳고 사는 가정. 전통 가족에서 돌봄을 제공하던 조부모 자리를 외국인 도우미가 대신하며 함께 사는 가정도 있다. 이처럼, 한 집안에서도 각 구성원이 영향을 받거나 생활을 하는 나라는 앞으로 더 다양해질 것이다.

그렇다면 우리는 아이들에게 어떤 질문을 해야 할까? 흔히 '개인주의자'라고 정의되는 요즘 젊은이들에게서 실마리를 얻을 수 있다. 이들은 응원하는 스포츠팀과 자신의 국적이 일치하지 않아도 개의치 않는다. 한국에 살아도 일본에 살아도 영국 축구팀을 좋아할 수 있고, 좋아하는 팀 안에서도 자국민 아닌 외국인 선수를 응원하는 경우도 있다. 그러니 정 스포츠에 관한 이야기를 나누고 싶다면 "좋아하는 스포츠팀이나 선수가 있니?"라는 질문이 적절하지 않을까.

또한, 어떤 나라가 올림픽 종합 순위에서 1등을 한다고 해서 그 나라의 국민체육이 그만큼 성장했다는 뜻은 아니다. 중요한 것은 시민 개개인이 운동을 즐기고 사랑하며 이를 통해 건강을 지키는 것이 아닐까. 그러니 '국가'에 맞추어져 있던 질문의 초점을 '개인'으로 바꾸어 보자. "너는 어떤 운동을 좋아하니?" 하고. 이 질문이 오히려 더 좋은 대화와 깊은 소통을 불러올 것이라 생각한다.

어떤 개인이 일국적 정상가족에 속할 것이라는 기대를 하지 않는다면, 응원하는 스포츠팀을 통해 한 사람의 정체성을 판가름하려는 질문은 하지 않게 될 것이다. 앞으로 필요한 질문은 "당신은 어느 국가 소속입니까?"가 아니라, "당신은 어떤 사람입니까?"라는 물음이다.

21. 있는 모습 그대로 사랑해

얼굴 천재가 역변한 것은 왜일까

신생아 때 쭈글쭈글한 매실절임 같던 아기는 백일이 되자 동그란 주먹밥처럼 변했고, 일 년쯤 되자 찜기에서 갓 나온 호빵처럼 뽀얗게 부풀어올랐다. 하루가 다르게 커 가는 아기를 본 주변 사람들은 귀여워서 어쩔 줄 몰라했다. "피부가 하얗고 눈이 크네요!", "우리 동네의 한류 스타예요" 하며 아낌없는 덕담을 던져 주었다.

인사치레로 하는 빈말이라 할지라도 관심과 칭찬이 고마워 덩실덩실 춤추고 싶었다. 하지만 마음 한구석이 무겁기도 했다.

아이가 자신의 모습으로 태어난 것은 스스로가 선택하거나 노력해서 얻은 결과물이 아니다. 지금 시대 어른들이 좋아할 만한 외모로 태어났는지, 그렇지 않은 외모로 태어났는지는 순전히 우연에 기인한다. 이것이 과연 칭찬이나 평가의 소재가 될 수 있을까. 다시 말하면, 아이들이 자신의 의지와 무관한 일로 칭찬이나 놀림을 받는 것 같아 마음이 불편했다.

또 하나. 외모 칭찬은 으레 "변하지 말고 지금 모습 그대로 잘 크면 좋겠네요" 같은 기원의 말로 끝나게 마련이다. 변하지 말고 이대로만 자라 달라는 말을 듣는 아이가 어떤 마음일지를 헤아려 보면, "사람들은 내 외모를 중요하게 보는구나. 생김새가 변하면 사랑받을 수 없겠구나" 하는 생각을 가질 수밖에 없다. 자신과 친구들의 가치를 겉모습으로 판단할 우려도 크다.

이처럼, 아이는 태어날 때부터 어른들이 정해 놓은 하나의 미적 기준에 따라 평가받는다. 내 아이도 지금이야 칭찬을 듣지만 성장 과정에서 외모가 달라지면 '중간에 역변한 애'라는 말을 듣게 될 것이다. 아이 개인은 타고난 모습대로 살아갈 뿐인데 집단의 미적 가치관에 따라 자신을 바라보는 시선의 높낮이가 달라지는 것이다. 실제로도 전 국민의 사랑을 받았던 아역 배우가 잘 자라서 정변했다거나 아쉽게도 역변했다는 이야기가 자주 들려온다. 외모가 역변한 것은 당사자인 아이 탓일까, 아니면 예쁜 외모에 대한 어른들의 편견 때문일까?

편견의 세상에서 개인으로 살아남기

요즘 나오는 어린이책이나 시청각 미디어는 이런 메시지를 재생산하지 않으려고 안간힘을 쓰고 있다. 편견과 선입견이 담긴 동화나 동요를 들려 주는 대신 다양성이 얼마나 소중한지를 이야기하며, 타인의 외모를 놀림거리로 삼아서는 안 된다는 교육도 적극 이루어진다.

하지만 교사와 보호자가 없는 울타리 밖은 어떨까. 멀리 갈 것도 없이, 일가친척 사이에서 '우리끼리 하는 얘기'로 통용되는 대화를 떠올려 보자. 갓 태어난 아기에게 "차마 예쁘다고는 말 못 하겠고, 귀엽네!" 하는 돌려 까기는 물론이고, "네 언니는 예쁜데 너는 누굴 닮아서 못났니?" 하는 직접적인 비교도 자연스럽게 일어난다.

아이 부모는 이런 대화에 시달린 나머지 "쌍꺼풀이 없어서 눈이 작죠? 눈은 나중에 성형하면 되니까 건강하게만 자라면 좋겠어요. 건강이 최고죠" 하며 먼저 선수를 치기도 한다. 정말로 성형을 시키겠다는 의지를 피력하는 말일까? 그렇지 않다. 외모 품평으로부터 아이를 보호하고자 하는 방패인 경우가 많다. "이 작은 아이의 생김새에 눈길을 두기보다는, 건강하게 성장하고 있다는 걸 봐 주세요!" 하는 마음이 담겨 있다.

물론, 웃음 속에 오가는 이런 말은 악의보다는 관심에서 나온 표현일 것이다. 친근함과 관심을 왜 이런 방법으로 내비칠까? 우리가 편견이 편견이라는 것을, 차별이 차별이라는 것을 충분히 인식하지 못한 채로 살아왔기 때문은 아닐까.

키든 체중이든 외모든 '평균'이라는 기준이 있고, 그에서 멀어질수록 눈총 받는 환경에서는 자신의 모습과 타인의 모습을 긍정하는 방법을 배우기 어려웠다. '외모를 가꾸지 않는 사람은 자기 관리를 못 한다' 같은 노골적인 편견마저 굳건하니, 세상의 기준에 맞게 개인을 바꾸는 쪽이 덜 고생스럽기도 했다.

그렇게 우리도 모르는 사이 편견에 익숙해진 끝에 칭찬에도, 농담에도, 가벼운 이야깃거리에도 편견이 녹아들었고 개인이 있는 모습 그대로를 지키며 살기는 더욱 어려워졌다.

이런 현실 앞에서 "아이들 하나하나가 몸과 마음이 건강한 사람으로 성장할 수 있을까?" 하는 물음이 떠오를 때가 있다. 어른들이 만든 편견이 차별을 정당화하는 수단이 되고, 아이들이 그것을 고스란히 흡수하는 모습을 볼 때 특히 그렇다.

우리 사는 모습을 가만히 바라보면, 한 사람을 '있는 그대로'의 모습보다는 편견에 기반해 판단하는 일이 많다. 고향이 부자 나라인지 아닌지에 따라 이주민을 대하는 온도가 다르고, 같은 나라 안에서도 "어느 지역 사람은 그렇다더라" 하며 동서남북 방위로 서로를 구분 짓는다. 한 지역에 산다 해도 거주지나 직장을 토대로 이웃을 평가하는 경우가 있고, 하나의 직장 안에서도 성별이나 결혼 여부로 차별을 두기도 하니 어느 누구도 편견으로부터 자유롭지 못한 세상이다.

"가족 안에서 서로를 있는 그대로 존중하고 배려하면서 살자!"고 제아무리 다짐해도 아이들이 실제로 살아갈 세상이 그렇지 않을 때, 어느 쪽을 향해 발을 내디뎌도 끝내 상처 입게 되어 있을 때, 우리는 아이들에게 무슨 말을 어떻게 해 주어야 할까?

나는 아이가 편견 앞에 자신을 감추거나 바꾸려 하지 않고 있는 그대로의 제 모습을 단단하게 지켜 갔으면 한다. 편견이란 대개 당사자의 문제라기보다는 그것을 만든 사람의 문제이기 때문에 움츠릴 이유가 없다고 생각해서다. 그렇기에 편견에 상처입지도, 편견을 생산하는 사람이 되지도 않으면 한다.

하지만 그것은 막연한 희망 사항일 뿐, 크고 작은 편견은 일상 속 아주 사소한 구석까지 심어져 있었다. 아이 외모에 대한 선의의 칭찬에서도 "혹시 이것도 일종의 편견은 아닐까?" 하는 느낌을 받았으니 말이다.

너의 있는 모습 그대로 사랑해

우리 부부도 그런 어른이 아니라고 자신할 수는 없다. 해가 갈수록 체중이 늘어 간다며, 통풍도 예방할 겸 식이 조절을 하겠다던 남편은 밤마다 밥 대신 채썬 양배추를 씹으며 다이어트 타령을 했다. 남편이 체중을 잴 때면 나도 슬그머니 체중계에 오르는데, 간혹 숫자에 놀라 크게 소리 지를 때가 있다.

"으악! 이게 뭐야? 요즘 너무 많이 먹었나 봐."

그 모습을 지켜본 아이도 식사 시간마다 고민을 늘어놓기 시작했다.

"엄마, 나도 밥 많이 먹으면 살찌는 거 아닐까? 나도 다이어트 해야 될 것 같지 않아?"

이게 무슨 소린가. 황급히 "아니야, 사람들이 너 보면 말랐다고 다들 한 마디씩 하잖아. 다이어트는 아빠처럼 배가 불룩 나온 사람이 하는 거야"라고 일러뒀지만, 이 역시 아이에게 좋은 영향을 주지는 않았다. 동물원에서 만난 하마에게 "엄마, 하마는 배 나왔는데 다이어트도 안 하나 봐" 하였으니, 아이 앞에서는 찬물도 못 마신다는 말을 실감했다.

"배가 나왔다고 해서 다 다이어트해야 되는 건 아니고, 건강을 위해서 꼭 필요한 사람만 하는 거야"라고 부랴부랴 말을 바꾸었지만, 아이가 어른들의 기준과 언어를 빠른 속도로 습득하며 그것을 다른 대상에 금세 적용한다는 사실이 놀라웠다.

더 당황스러운 것은, 어느 순간이 되면 아이들이 어른들의 외모와 옷차림을 평가한다는 것이다. 육아 선배들 이야기를 들어 보면 눈앞이 막막하다. "아빠가 친구들 아빠보다 뚱뚱해서 창피해", "다른 사람들은 얼굴도 예쁘게 꾸미고 옷도 잘 입는데 우리 엄마는 안 그래서 부끄러워"라는 반격이 일어난다니 이 일을 어쩌면 좋을까.

스스로에 대한 인정을 타인의 평가에서 찾는 아이들도 있다. SNS에 떠도는 "외모 평가 해 주세요", "몸매 평가 해 주세요" 하는 글이 그렇다. 우리는 어쩌다 아이들이 익명의 상대에게 외모 성적표를 구하는 비극을 만들었을까. 그렇기에 초보 부모는 아이에게 어떤 말을 건네야 하고 어떤 말을 거두어야 하는지 판단하기 더더욱 어렵다.

'어떤 말을 할까'를 고민하기에 앞서 내가 갖고 있는 편견이 무엇인지를 살펴야 하는 지도 모르겠다. 누구나 편견의 생산자가 되기도, 피해자가 되기도 하는 세상에서 "나도 모르는 사이에 익숙해진 편견은 없을까?", "편견을 가벼운 이야깃거리로 소비한 적은 없었나?"를 구석구석 돌아보는 것이다.

어떤 편견도 없는 무균실 같은 환경을 만들어 줄 수는 없다. 하지만 어른들이 개인의 특징을 배척의 이유로 삼지 않고, 편견과 차별을 하나하나 걷어 내려 애쓰는 모습을 본다면 아이들도 다른 누군가를 무심코 상처 입히지 않게끔 조심하며 성장할 수 있지 않을까.

확실한 건, 어른들이 아이들에게 해 줄 수 있는 최선은 얼굴 천재라는 찬사나 성형수술 약속이 아니라는 것이다. 아이들 개개인이 지닌 고유한 매력을 발견하고 태어난 모습 그대로 살아도 괜찮다고 말해 준다면 아이들은 자기 자신을, 친구들을 있는 그대로 사랑할 수 있지 않을까.

작은 개인인 아이에게, 그리고 이제는 다른 종류의 덕담이 필요할 어른들에게 들려주고 싶은 노랫말을 공유해 본다.

네가 어떤 얼굴색을 가지고 있든지
네가 누구를 사랑하든지
네가 얼마나 가졌든
어떤 장애 있든지

네가 어떤 나라에서 건너왔든지
너의 나이가 몇 살이든지
네가 집을 가졌든지
몸이 아프다든지

너의 있는 모습 그대로 사랑해
너와 내가 다른 것은 당연한 거야
너의 있는 모습 그대로 사랑해
너와 내가 다른 것은 당연한 거야

너는 정말 소중한 존재야
너는 사랑받을 자격이 충분해
나는 언제나 너의 삶을 응원해

너의 있는 모습 그대로 사랑해
너와 내가 다른 것은 당연한 거야
너의 있는 모습 그대로 사랑해
너와 내가 다른 것은 당연한 거야

– 〈지구별의 노래〉 앨범 중 '그대로 사랑해', 초록 육아당

22. 아이라는 개인과 파트너로 관계 맺기

노가다 하는 엄마

"민지, 나 아파트로 이사했어. 언제 한번 놀러 와. 맛있는 거 해 줄게."

한동안 뜸했던 친구에게 연락이 왔다. 이사 소식으로 시작된 대화에 쌓아 두었던 이야기가 풀려나왔다. 더 좋은 거주지로 옮겼다는 친구의 목소리는 생각보다 밝지 않았다.

"좋은 일이긴 한데, 스트레스 받아서 얼마나 힘들었는지 몰라."

엔도르핀이 나와야 할 판에 웬 스트레스? 말인즉슨 이랬다.

"실은 이사를 하면 꼭 1층으로 가고 싶었거든. 애들이 층간 소음 내면 어떡해. 그런데 시부모님이 애 뛰는 건 몇 년 잠깐이니까 꼭 로열층으로 가라는 거야? 자금이 부족해서 그런 거면 얼마든지 보태 주신다고 하시면서. 가구랑 가전도 이게 좋다 저게 낫다 쇼핑몰 링크 줄줄이 보내 주시고, 식기도 안 깨지는 그릇이나 국민 그릇 위주로 다 골라 주시더라고. 나는 그런 것보단 홈 카페 느낌 나는 그릇이 사고 싶었거든. 우리 생각해서 하시는 말씀인 건 알겠는데 남편이랑 내가 별개의 가족을 꾸린 게 맞나 싶더라. 그런데 나중에 들어보니까 시부모님도 신경 쓰느라 힘드셨다는 거야? 그러니까 나는 또 고마움도 모르는 배은망덕한 며느리가 된 것 같고."

친구는 부부의 독립성을 충분히 존중받지 못하는 것 같아 속상했고, 시부모님은 좋은 걸 하나라도 더 알려 주고 싶은 마음으로 나섰다가 신경은 신경대로 쓰이고 인정은 인정대로 못 받아 서운해 하시는 상황이었다. 작은 것까지 보살피고 베풀면 아들 내외가 기뻐할 것 같았는데 실상은 그렇지 않았으니, 양쪽 다 마음이 불편할 만했다.

대화는 곧 아이들 성장 이야기로 줄기를 뻗어 나갔다. 귀에 전화기를 바짝 갖다 댔다.

"나 요즘 엄가다 하느라고 바쁘잖아. 엄마표 교육 자료 수집하고, 재료 준비하고, 뒷정리까지 하고 나면 녹초야. 일할 때보다 쉴 시간이 더 없다니까."

엄가다는 무엇이고 엄마표는 무엇인가? 알고 보니 엄가다는 엄마 노가다의 줄임말이라 했다. 가정에서 수학, 과학, 미술, 독서, 영어 등 엄마표 교육을 하는 경우가 늘어나면서 교육 자료를 직접 만들거나 정리하는 일도 많아졌는데, 엄마의 노동력이 막일과 견줄 정도로 많이 들어가 '엄가다'라는 이름이 붙었다는 것이었다.

놀랄 일은 아니었다. 요즘 세대의 '엄마 역할'은 우리 어머니 세대보다 훨씬 촘촘하고 짜임새 있으니까. 조리원이나 문화센터에서 친구를 만들고 아이 사회성을 길러 주는 일. 간식이나 영양제 정보를 검색하고 필요하면 해외에서 직구하는 일. 유기농 원재료와 아이 전용 조미료를 엄선해 식사를 만드는 일. 영어를 비롯한 유망한 언어를 들려 주며 이중 언어, 다중 언어 환경에 꾸준히 노출시키는 일. 프랑스 육아, 하브루타 육아 등 해외 육아 동향을 파악하는 일. 아이 연령에 맞게 읽혀야 할 도서 목록을 수집하고 다양한 전집을 들여 독서 습관을 잡아 주는 일. 균형 잡힌 사람으로 키우기 위해 그림이나 음악, 체육과 관련한 취미를 만들어 주는 일. 창의융합형 인재를 만들기 위해 공부를 시키되 주입식이 아닌 놀이처럼 자연스럽게 시키는 일. 그리고 이 모든 것을 위해 요구되는 엄마의 높은 관리력과 정보력까지! 엄마표 교육과 엄가다도 그중 하나였다.

"우리 무슨 랩하냐? 숨이 다 차네!"

엄마로서 해야 할 일들을 쉼 없이 뱉어 놓고 보니, 아들 내외가 살 집의 층수며 살림 목록까지 꼼꼼하게 알아봐 주신 친구 시부모님이 다시금 생각났다.

'양가 부모님이 두 개인이 꾸린 가정을 독립적 개체로 존중하지 않으셔서 속상하다' 하는 우리 세대. 아이들의 독립성은 얼마나 지켜 주고 있을까? 엄마 역할이 과중한 나머지 아이들 고유의 권한까지 짊어지고 있지는 않을까? 어쩌면 부모가 된 내 세대는 아이들에게 '아버지 어머니'가 아닌, '매니저' 같은 관계를 자처하고 있는지도 모른다. 어느 한쪽이 다른 한쪽을 이끌고 관리하는 매니저 관계를 '좋은 관계'라 한다면, 양가 부모님의 섬세한 관리를 마냥 싫어할 이유도 없을 것 같았다.

"근데 있잖아, 시부모님 마음도 네 마음이랑 비슷한 것 같은데? 무엇이든지 좋은 것만 골라서 해 주고 싶고, 앞으로 겪을 시행착오나 고생은 줄여 주고 싶은 마음인 거잖아. 네가 시부모님 밀착 마크를 부담스럽다고 느끼는 것처럼, 혹시 아이들도 그렇지는 않을까?"

친구는 말했다.

"비슷하긴 하지. 그런데 남편이랑 나는 성인이고 애들은 미성년자잖아. 나도 엄가다 할 시간을 나를 위해 쓰고 싶기는 한데, 동네 엄마들 얘기 들으면 나만 아무것도 안 하는 것 같아서 불안해. 네가 일본에 있어서 못 느꼈을 수도 있지만, 현실이 그래."

아이와 한 몸이 되어야 하는 일본판 엄가다

그러나 일본에는 일본의 현실이 있다. '자식 인생은 자식의 것'이라는 사고가 일반적인 일본 사회에서 전반적인 양육은 '관리'나 '교육'보다는 아이의 자율성과 독립심을 기르는 데 초점이 맞추어져 있는 것이 사실이다. 놀이터에는 땅거미가 내려앉을 때까지 땀 흘리며 뛰어노는 어린이가 확연히 많고, 대학 진학률이 50%에 그쳐서인지 청소년들은 학업과 부 활동을 병행하며 진로를 자유롭게 찾아가는 듯하다. 하지만 수험생활을 하는 50% 안에서의 경쟁은 다른 어떤 사회보다 치열하기에 부모의 관리력을 담보로 한다.

100년 전까지만 해도 똥지게를 지는 사람이 모

여 살았다는 우리 동네는 무슨 연유에서인지 자녀 교육 수요가 높은 사람이 모여 사는 지역이 됐다. 수험률이 한국과 다르지 않은 이곳에서 깨달은 사실은, 일본에도 엄가다가 있다는 것이다.

이 동네 입시는 초등학교 2학년 때부터 시작된다. 좋은 중학교에 들어가기 위해서다. 더 빠르면 만 2세부터 유치원, 만 4세부터 초등학교 수험을 준비하며 입시학원에 다니는 아이도 있다. 이유는? 빨리 시작할수록 아이 고생이 적으니까. 아이가 어릴 때 좋은 학교에 미리 보내 두는 쪽이 나중에 하는 입시보다 쉽고 편하며, 면학 분위기가 좋은 환경을 만들어 줄 수 있다고 한다. 엄마들이 아이의 진로와 진학 로드맵을 짜고, 일찌감치 목표 중고등학교와 대학교를 정하는 것도 이런 까닭이다.

하지만 열 살도 되지 않은 아이들이 엄격한 자기 통제 능력을 발휘해 가며 입시에 전념하기는 어려운 것이 현실이다. 그래서 "초등생 수험은 엄마 수험이다", "입시는 아이와 엄마가 한 몸이 되어야 하는 2인 3각 경기다"라는 말이 명언처럼 떠돈다. 엄마의 정보 수집력과 아이를 관리하는 능력이 당락을 좌우한다는 뜻이다. 유명 학원 우수반에 들어가기 위해 과외를 시키기도 하고, 엄마가 교사가 되어 집에서 학습을 뒷받침해 주어야 하니 일본판 엄가다라고 할 수 있다.

하교 후 밤늦은 시간까지, 주말에는 오후 2시부터 밤 9시까지 이어지는 수험 생활을 어린이도 노가다라 느끼지는 않을까 궁금했다. 아이 셋을 키우는 베테랑 엄마는 말했다.

"다른 친구들도 모두 학원에 가니까 우리 애도 공부가 당연하다고 생각해요. 자기 혼자만 힘들다고는 하지 않아요. 억지로 시키는 건 아니고 아이 본인도 좋아서 하는 거예요."

남편 지인은 이렇게도 말했다.

"아무것도 안 시키면 아무것도 안 할까 봐 그래요. 뭐라도 시켜야 뭐라도 하죠."

부모가 아이의 매니저가 되는 이유는 어디서나 비슷하다.

"아기들이 어떻게 면접을 봐? 학원비는 얼만데? 그래서 너는 어떻게 하고 있는데? 너도 2인 3각 하는 중이야?"

친구 목소리가 점점 높아졌다.

내 고민은 아이 수험이 아닌 다른 데 있었다. 중요하다고 생각하는 포인트가 수험생 부모들과 다를 뿐, 나 역시 '엄마의 판단'을 아이에게 은근슬쩍 들이 밀고 있는 것은 아닌지 하는 것이었다.

　"남편이랑 나는 우리가 '아웃 카스트'라고 생각하거든? 높은 카스트에 오르기 위해 인생을 쓰는 것보단, 차라리 카스트 시스템에서 탈출해서 우리 기준에 맞춰 살아야 인생이 아깝지 않을 것 같아서. 그런데 이런 생각도 아이한테 입김처럼 작용할까 봐 걱정이야. 유년기를 수험 생활로 보내지 않아도 된다는 건 우리 의견이고, 아이 의견은 다를 수도 있잖아? 부모랑 아이가 영향을 주고받으면서 사는 건 당연한 일이지만, 영향을 과하지도 부족하지도 않게 주고받는 게 생각보다 더 어려워. 아무리 미성년자라 해도 아이 고유의 영역이 있으니까."

보호와 자율의 경계 찾아 나가기

어디까지가 보호자가 해야 할 부분이고, 어디서부터가 아이 개인의 영역일까. 그 경계를 찾는 것은 어렵지만, 반드시 해야 하는 일이다. 그렇지 않으면 훗날 엄마 매니저의 노가다에 대한 대답으로 "그런 거 원한 적 없는데요" 하는 볼멘소리를 들을지도 모르니까. 친구 부모님이 자식 이사에 들인 공을 치하 받지 못한 것처럼 말이다. 내가 정한 기준은 이렇다.

먼저, 아이의 자기결정권을 최대한 존중한다.

요즘은 자식이 부모의 소유물이라고 노골적으로 생각하는 부모를 찾아보기 드물다. '아이 주도 이유식', '아이 주도 놀이', '자기 주도 학습' 같은 표현처럼, 아이가 주인공이 되는 것이 가장 중요하다는 인식을 대부분이 공유하고 있다. 하지만 그마저도 어른의 결정권 안에서 제한적으로만 허용되는 경우가 많다. 아이가 만드는 놀이가 아닌 어른이 권하는 놀이 프로그램 안에서의 주체성, 아이 개개인의 적기가 아닌 어른의 조바심에 따라 이루어지는 학습 안에서의 주도력처럼 말이다.

'아이가 좋아해서 시킨다'는 판단도 신중해야 한다. 폭군 같은 부모에게 먼저 다가가 애교를 부리는 아이들 마음 저변에는 '사랑'이 아닌 '두려움'이 있는 것처럼, 겉으로 보이는 '좋아한다'는 행동이 어떤 마음에서 기인했는지를 살펴야 한다. 보호자에게 칭찬과 사랑을 받기 위해서인지, 아니면 정말로 순수하게 좋아서인지를 파악해야 하는 것이다.

그러기 위해서는 "영어 유창하게 하는 사람 정말 멋지지? 너도 그렇게 되고 싶지? 그치?", "저 형아가 입은 교복 보여? 저 학교에 다니는 형들은 똑똑하고 멋있어. 너도 저 교복 입고 싶지 않니?" 하며 보호자가 원하는 방향으로 아이를 유도하지 말아야 한다. 대신 "엄마가 좋아할 것 같아서 그런 거면 안 해도 괜찮아. 정말로 좋은지 싫은지 네가 천천히 생각해 봐"라는 이야기를 나누며 아이가 진정한 주체성과 결정권을 발휘하도록 돕는다.

둘째, 방치하지 않되, 꼭 필요한 만큼만 개입한다.

아이의 결정권이 아무리 중요하다 한들 모든 것을 당사자에게만 맡기고 방치할 수는 없다. 사회 규범을 지키는 것부터 좋은 습관을 기르는 일까지 아이가 아직 알지 못하는 세계로 방향을 제시해야 할 때도 있다. 개인의 선택의 영역을 넘어, 사회의 구성원으로서 반드시 지켜야 하는 것들이 특히 그렇다. 이때 어려운 것은 보호자가 방향을 제시하는 과정에서 너무 깊이 들어가버릴 우려가 있다는 점이다.

이 시대 최고의 육아 키워드인 '책 육아'를 예로 들어 보자. 책을 읽는 습관이 삶의 재미와 깊이를 더하는 건 맞다. 아이에게도 그 재미를 알려 주고 싶은 마음이 왜 없겠는가! 하지만 '더 많은 책을 제공해야 한다'는 마음에 영업사원과 육아 인플루언서가 권하는 책을 끊임없이 사들인다면, 아이는 책을 귀하고 소중하게 대하며 성장할 수 있을까?

책은 개개인의 관심과 호기심이 한껏 녹아들고 농축된 개인 취향의 결정체다. 서재 같은 거실은 그런 책 한 권 한 권이 모이고 쌓여 오랜 세월에 걸쳐 만들어지는 것이지, 어른이 권장하는 필독서 수백 권을 채워 넣고 그것을 '읽히는' 방식으로 만들어지는 것이 아니다. 방대한 양의 도서를 숙제처럼 읽혔더니 입시 논술이 끝나는 동시에 활자는커녕 책 표지도 거들떠보지 않더라는 경험담도 심심찮게 들려오니, 무슨 일이든 무심하게 방치해도 문제 너무 많이 개입해도 문제다.

일주일에 한두 권을 보더라도 아이가 직접 고르면 어떨까? 보호자 손을 잡고 도서관에 가면 스스로가 집까지 들고 갈 수 있는 양의 책만 고를 수 있다. 독서량이 하루 다섯 권, 열 권이 아니어도 괜찮다. 고심하며 책을 고르고, 사람들 사이에서 줄을 서서 대출을 하고, 무슨 내용이 들어 있을까 잔뜩 기대하며 책을 안고 걷고, 다음 책을 만나기 위해 또다시 집을 나서는 과정에 아이 본인을 참여시키는 것이다. 그렇게 만난 책 중에 두고두고 보고 싶은 책은 반드시 구입해 소장한다. 인생의 서재를 만들기 위해서. 보호자가 방향을 제시하면서도 아이 개인의 취향과 선택을 지키는 방법이다.

셋째, 아이 몫의 감정을 대신 느끼거나 해결해 주지 않는다.

예를 들면 불안함, 심심함이 그렇다. "어릴 때부터 부모가 잘 관리하지 않으면 아이 미래가 고생스럽고 불안하겠지?" 할 때의 '불안'을 아이 본인의 과제로 남겨 둔다. 불안은 인생의 본질이자 삶의 동력! 불안을 느끼고 다루는 것은 장차 스스로 해 나갈 일이지, 보호자가 대신 느끼고 제거할 요소가 아니다.

심심함도 그렇다. 매니저의 능력을 발휘해 아이의 스케줄을 늘리거나 놀이의 판을 짜 주는 방식으로 심심할 기회를 박탈하지 않는다. 〈100층짜리 집〉 시리즈로 어린이에게 사랑받는 작가 이와이 도시오는 더이상 장난감을 사 주지 않겠다는 어머니 말에 혼자 공작 도구를 갖고 놀다 창작을 시작했다고 한다. 심심함이 있기에 탄생하는 것도 많다.

반대로, 부모 몫의 감정을 아이가 대신 해결해 주기를 바라서도 곤란하다. 경쟁심이 대표적이다. 경쟁이 나쁘니 원천 차단해야 한다는 것이 아니라, 아이를 내세워 경쟁하는 실세가 어른인 일은 없어야 한다는 뜻이다. 어른의 욕심에서 아이를 보호할 필요가 있다.

넷째, 권유에는 충분한 관심과 관찰이 담겨야 한다.

아이의 장점과 강점을 살피고 적합한 길을 권유하는 건 보호자로서 얼마든지 할 수 있는 일이다. 진로나 직업 같은 큰 결정 앞에서라면 더더욱. 단, 적합 부적합의 기준이 요즘 뜨는 직종이나 유망 직업 같은 '세간'이 아닌, 아이라는 '개인'에게 있어야 한다.

"앞으로는 이런 직업이 뜨고, 지금은 이런 걸 배워야 한다더라" 하는 권유보다는, 개인의 개성을 충분히 발휘할 수 있는 권유를 하는 쪽이 낫다.

다섯째, 부모가 개인으로서 자기 삶을 충실하게 만끽한다.

부모 개인이 자기 삶에 충실하며 생기 있는 태도로 세상을 살면 그 모습이 아이에게도 전해진다. 개인과 개인이 주고받는, 진하지도 연하지도 않은 영향의 농도다. 유년기에 보고 자란 부모의 모습은 평생 무의식에 남을 것이며 함께 생활하며 몸에 익힌 습관, 가치관은 개인을 형성하는 환경의 일부가 되어 무엇보다 강한 교육이 될 것이다.

우리가 만들 수 있는 아이와의 관계는

"민지, 우리 이러다가 아웃 카스트 아니고 아웃사이더 되겠는데? 그래도 자기 인생을 잘 사는 모습을 보여 주는 게 엄마의 역할이라고 생각하니까 마음이 좀 편하네. 내 인생만 매니지먼트 하면 되고."

맞다. 정말로 중요한 건 아이 인생의 매니저가 되는 일이 아니라 내 인생의 매니저가 되는 일이다. 우리가 누군가의 삶과 시간을 매니지먼트 한다면, 그것은 기본적으로 자기 자신을 위해서여야 한다. 그런 개인들이 모여 '파트너' 관계가 되는 것이 좋은 가족, 좋은 관계가 아닐까.

파트너는 아이가 살기 좋은 집의 층수와 사야 하는 살림살이를 결정해 주는 사람이 아니다. "먼저 태어나 많은 걸 경험했다 해서, 너를 나처럼 생각한다 해서, 너의 시간과 너의 영역을 내가 권하는 것으로 채우지 않겠다. 네가 원하는 건 뭐니?"라고 묻는 사람이다.

파트너는 아이와 한몸이 되어 아이의 목표를 향해 2인 3각 경기를 하는 사람도 아니다. 각자가 추구하는 각자의 길을 향해 두 발로 걸어 나가며 "너는 그 길로 가는구나? 파이팅! 이따 저녁에 오늘 어땠는지 말해 줘. 나도 오늘 열심히 할게!" 하는 사람이다.

다른 아이들에게는 있지만 내 아이에게는 없는 것을 찾아 손에 쥐어 주는 사람도 아니다. 옆집 아이와 내 아이가 다른 사람임을 알고, 내 아이의 개별성과 특수성을 살피고 지키는 사람이다.

아이들이 세상에 태어나 처음으로 맺는 관계가 보호자와의 관계라는 것은 누구나 아는 사실이다. 그 관계 속에서 보호자가 나를 '관리의 대상'으로 보았는지, '동등한 개인'으로 보았는지는 정체성을 규정해 나가는 데 중요한 방향이 되리라.

시부모님과의 관계, 부부 관계, 친구 관계가 개인의 삶을 지지하고 연대하는 모양새여야 하듯, 우리 세대가 만들어 갈 아이와의 관계도 그랬으면 좋겠다.

아이니까, 미성년자니까 보호자 관리가 필요한 게 아니라, 아이이고 미성년자이기 때문에 어른의 개입이 더 신중했으면 좋겠다. 아이들이 '엄마가 계획한 대로 잘 따라와 줘서 고마운 존재'가 아니라, 그저 자연스럽게 자기 삶의 로드맵을 만들어 가는 존재가 되면 좋겠다.

23. 아이도 개인이라 느낀 날의 풍경

"오늘도 감사합니다. 다음에도 이용 부탁드립니다"

초등학교에 다니는 아이들을 보면 나도 모르게 눈길이 간다. 학생이 된 아이들은 유치원생과는 어떻게 다른지, 친구들과 어떤 이야기를 하고 관심사는 무엇인지가 궁금해서다. 그래서 란도셀(일본의 초등학생이 메는 가방) 무리가 지나가면 흐뭇하고 반가운 얼굴로 바라보곤 한다. '내 아이의 몇 년 후 모습도 저렇겠지?' 상상하면서.

재밌는 건 대부분의 아이가 부모 도움 없이 등하교를 한다는 사실이다. 한 동네 사는 고학년 누나 형들과 저학년 꼬마들이 모둠을 지어 정해진 통학로를 따라 학교를 오가는데, 우리 동네만 그런 것이 아니라 어느 지역에서나 흔하게 볼 수 있는 풍경이다. 부모가 차로 아이들을 등교시키는 것은 권장하지 않는다. 등하교를 아이들 스스로 해결해야 할 문제라고 판단해서이기도 하지만, 학교 인근 주민이 주정차나 교통 혼란으로 불편하지 않게 하기 위해서이기도 하다. 학교 앞에 꼭 필요한 차만 오가니 교통사고 위험도 적다.

그러던 어느 날, 인근 도시 출장길에 시내버스를 탔다가 대중교통으로 하교하는 초등학생 무리를 보았다. 내 생활 반경에서는 걸어서 통학하는 아이들이나 봐 왔지, 지하철이나 버스로 통학하는 아이들이 있다는 얘기는 말로만 들어 왔는데. 멀리 있는 사립학교에 다니는지 아이들은 앙증맞은 교복을 입고 모자에 구두까지 착용한 채로 버스 정류장에 옹기종기 모여 있었다.

버스가 도착하자 빠릿빠릿 올라타는 아이들이 반, 분명 타야 할 버스인 것 같은데도 나무에 붙은 곤충 구경하느라 뭉그적대는 아이들이 반이었다. '쟤들도 얼른 타야 할 텐데. 왜 안 타지?' 배차 간격은 30분. 이 버스를 놓치면 한참을 기다려야 한다. '집에서 보호자가 기다리지는 않을까? 저 아이들도 태워서 가야 하지 않을까?' 내 마음이 다 초조해졌다. 그런데 정해진 출발 시간이 되자마자 버스 문이 닫히는 것이 아닌가! 기사님은 마이크에 대고 말했다.

"승차해 주셔서 감사합니다. 출발하겠습니다."

내가 중학생 때, 버스 온 줄도 모르고 수다를 떨고 있으면 기사님은 목청 높여 우리를 불렀다.

"느그들 안 타나? 버스 늦는다. 빨리 타라."

버스에 오르면 아빠나 삼촌처럼 툭툭 잔소리를 했다.

"버스 온 줄도 모르고 뭐 하고 있었노? 얘기하는 게 그리 재밌드나?"

그리고서는 내릴 때가 되면 이렇게 말했다.

"그래. 가라."

투박하지만 애정 담긴 인사였다. 그런 내 유년의 기억과는 달리, 하차 벨을 누른 초등학생들에게 일본의 기사님은 이렇게 인사했다.

"오늘도 저희 회사 버스를 이용해 주셔서 감사합니다. 다음에도 이용 부탁드립니다."

이용을 부탁드린다니. 일본의 접객 문화에 익숙해진 나마저도 처음에는 '초등학생들한테 뭐 저렇게까지 인사를 해? 너무 사무적인 거 아니야?' 하는 생각이 들었다. 하지만 다시 생각해 보니, 이 기사님은 아이들을 그저 한 사람의 승객으로 대한 것이라는 걸 깨달았다. 내가 학생 때 탔던 버스 기사님과 나의 관계가 어른-청소년 관계였다면, 이 버스 기사님과 초등학생들은 기사-승객 관계인 것이다. 승객이 당장 버스를 타는 것보다 다른 일(그것이 곤충을 보는 것이라 할지라도!)이 급하면 다음 버스를 타는 것이고, 탑승한 승객이 어리다고 해서 승하차 인사를 생략하지도 않는다. 나이를 떠나서 아이들도 그냥 한 명 한 명의 어엿한 손님인 것이다. 그 기사님이 특별한 것이 아니라 그게 일본 사회의 매뉴얼이다.

어린이님의 선택

한국에서 갈비탕을 먹으러 한 식당에 간 적이 있다. 아이 먹일 김을 챙겨갔는데, 사장님이 "우리 집에 애들 먹을 만한 반찬이 없는데 어떡하죠?" 하며 계란 프라이를 부쳐 주셨다. 일본에서는 아이가 왔다는 이유로 이런 서비스를 제공받은 적이 없어 크게 감동하기도 했고, 한편으로는 객단가가 0원인 아이를 위해 번거롭게 신경써 주셔서 죄송하기도 했다.

정 반대의 경우도 있었다. "어린이는 출입할 수 없습니다" 하는 카페였다. 아이는 당황했다. 유아차에 실려 다니던 돌 무렵부터 동네 스타벅스에서 우유나 코코아 같은 키즈 음료를 마셔 왔고, 여느 어른 손님처럼 카페라는 공간을 좋아하기 때문이다. 그간 카페 출입을 거부당하지 않았던 덕에 공공장소에서의 룰도 자연스레 체득한 터였다. 공부나 일을 하는 사람이 많으니 목소리를 낮추어야 하고, 카페는 운동장처럼 뛰는 곳이 아닌 음악을 들으며 음료를 마시는 장소라는 것도 다년간의 경험을 통해 알고 있었다. 그리고 그 경험을 쌓을 수 있도록 어른들은 기꺼이 카페 문을 열고 아이를 손님으로 맞아 주었다. 이렇게, 배제가 아닌 수용 속에서 사회의 룰을 익혀 가던 아이에게 노키즈존은 당혹스러운 경험이었을 것이다.

갈비탕 집에서도 카페에서도, 아이는 한 사람의 손님이라기보다는 어른 손님에게 따라붙은 보조적인 존재 같다. 아이라는 이유로, 손자가 생각난다는 정으로 특별 대우를 받기도 하지만 다른 한쪽에서는 거부되기도 하는 존재. 노키즈존이 생긴 이유도 개인주의의 팽배 때문이라는 시각이 있지만 내 의견은 조금 다르다. 아이도 어른과 동등한 개인이라 생각한다면 노키즈존은 생기기 어렵다. 개인주의가 발달한 시대와 나라일수록 개인의 연령이나 성별, 인종과 같은 불가변적 사유로 공공시설 출입을 금하지 않으며, 아이에게도 다른 개인을 위한 예의와 존중을 배울 기회를 준다.

일본에서는 아이 동반을 막는 식당이 거의 없다. 아이가 왔다고 해서 주인이 손해를 봐 가며 서비스를 주지도 않지만 출입을 금하지도 않는다.

아이를 데리고 식당에 가면 남편과 나는 일반 메뉴판을, 아이는 제 몫의 어린이 메뉴판을 본다. 글씨를 몰라도 괜찮다. 메인 메뉴가 햄버그스테이크인지 닭튀김인지 카레인지는 사진만 봐도 알 수 있으니까. 이것은 흔히 '오코사마 메뉴'라고 불리는데, 오코사마를 우리 말로 하면 '어린이님' 정도 되는 표현이다. 어린이와 님이라는 단어가 조합될 수 있는 거라니. 경어의 세계는 참으로 어렵다.

남편 음식 하나, 내 음식 하나, 아이 음식 하나를 고르고 호출 버튼을 누르면 직원이 주문을 받아 준다.

"오코사마 메뉴는 뭘로 하시겠습니까?"

아이는 자신이 먹고 싶은 음식 이름을 말한다.

"음료는 오렌지 주스나 사과 주스로 하시겠습니까, 우유나 우롱차로 하시겠습니까?"

이번에도 먹고 싶은 음료를 고른다.

"음료는 식전에 드시겠습니까, 식사와 함께 드

시겠습니까?"

먹고 싶은 음식 골랐지, 음료 골랐지, 그 음료를 언제 마실지도 고르라니. 참 선택권도 가지가지다. 마지막으로는 장난감 바구니 안에서 원하는 놀잇감 하나를 고르는 것으로 '어린이님 메뉴 선택'이 끝난다. 아이는 한 사람의 손님으로 대우받을 수 있어서 좋고, 남편과 나도 혹이 아닌 손님을 달고 왔으니 마음이 불편하지 않다.

아이들이 잘 오지 않거나 규모가 작은 식당에서도 아이를 위한 식기를 구비하고 있고, 오코사마 메뉴가 없어도 어른 음식을 나누어 먹을 수 있게 배려해 주기는 한다. 하지만 아이는 어린이 메뉴가 잘 갖추어진 식당에 가기를 원하는데, 아빠 엄마 몫의 음식을 얻어먹는 것보다는 '내 음식을 주문해 먹는 손님 1인'이 되고 싶어서란다. 이 작은 아이한테 그런 욕구가 있다니. 쿡쿡 웃음이 나오기도 하고 귀엽기도 한데, 자기도 손님이라고 제법 의젓하게 식사하는 걸 보면 작다고 해서 마냥 귀엽다고만 볼 수도 없는 것 같다.

아이의 프라이버시

그런가 하면 부모가 강력하게 나서서 지켜야 하는 것

도 있다. 남편과 나는 그것이 아이의 프라이버시라고 생각한다. 내 개인 SNS에서 아이 사진을 마음대로 공개하지 않으며, 아이가 배경처럼 등장한다 하더라도 얼굴이나 특징이 드러나지 않아야 한다는 원칙이다. 여기에는 이름도 포함된다. 아직도 태명인 '시뽀'를 별명처럼 쓰고 있는 이유다. 나도 인터넷에서 실명 아닌 닉네임을 쓰면서 아이 이름을 마음대로 공개할 수는 없다.

나보다 더 까다로운 남편은 오프라인 공간에서도 조심하는 눈치다. 아이가 유치원에서 어른의 보호 아래 쓰는 물건에는 식별을 위해 이름을 쓰는 게 당연하지만, 공동생활이 아닌 집이나 동네에서 사용하는 물건에는 아이 이름을 써 넣지 않는다. 100엔숍에서 산 곤충채집함이 바로 그렇다. 가격이 저렴하다 보니 온 동네 아이가 같은 제품을 갖고 있어 물건이 섞이거나 바뀌는 일이 흔하다. 상황이 이러하니 '이 물건이 내 물건이오' 하는 표시를 해야 하는데, 이름을 쓰기에는 걱정이 된다는 거였다.

최악의 경우 나쁜 마음을 먹은 어른이 부모의 친구인 척 친근하게 접근할 우려도 있고, 어른이 자기 물건이 흔하다고 해서 '최민지 꺼'라고 공공연하게 적어 들고 다니지 않는 것처럼 아이도 마찬가지여야 한다나. 그래서 이름 대신 스티커를 붙이거나 아이가 좋아하는 숫자를 써 넣는다.

그런 모습을 보고 있으면 중고등학교 때 교복에 이름표를 박음질로 고정하게 했던 이웃 학교가 떠오른다. 교복으로 학교를, 이름표로 학년과 이름을 드러내야 하는 환경에서 개인의 프라이버시란 없었다. 학교 밖에서 비행하지 않고 '올바르게', '학생답게' 행동하라는 취지였던 것으로 기억하는데, 범죄 대부분을 어른이 저지르는 상황에서 어른의 소속과 나이, 이름은 왜 가슴팍에 써 넣지 않는 것인지 궁금했던 기억이 난다. 이 문화는 2009년 국가인권위원회가 중고생 이름표를 탈부착형으로 바꾸기를 권고하면서 이제는 거의 사라진 것 같다. 학생인권조례에 대한 관심이 높아지면서 어른이든, 청소년이든, 아이들이든 서로의 프라이버시를 지켜 주는 방향으로 나아가고 있어 다행이란 생각이 든다.

레이시스트의 아이는 레이시스트가 아니다

우리 집 아이와 개인 대 개인으로서의 관계를 쌓아가고 있다면, 남의 집 아이들과는 어떨까? 남의 자식을 개별적 존재로 대하려고 안간힘을 쓴 적이 있다.

아이와 패스트푸드점에 간 날이었다.

"우리 뭐 먹을까? 감자튀김 먹을래? 맛있겠지?"

우리는 집에서든 밖에서든 한국어로 이야기한다. 대화를 주고받고 있으면 색다른 외국어가 신기해서 보는 사람도 있고, 한국어로 말을 붙여 보고 싶어서 머뭇거리다 수줍은 인사를 건네는 사람도 있다.

그런데 그날은 달랐다. 우리 앞에 줄을 서 있던 내 또래 엄마가 나를 홱 돌아보더니, 자기 아이에게 말하는 것 아닌가.

"한국인한테는 마늘 냄새가 나. 너 쟤랑 말하지 마."

우리 집에서 마늘을 제일 많이 먹는 사람은 일본인인 남편인데 이게 무슨 소리?

나는 받은 것에 이자까지 더해 통 크게 되돌려주고 싶었다. '어떻게 하면 저 사람을 가장 기분 나쁘게 할 수 있을까?' 순간 내 눈에 들어온 것은 상대 아이의 피부. 얼굴 한쪽이 울긋불긋 수포로 일그러져 있었다. 순간, 내 밑바닥에서부터 비열한 마음이 치고 올라왔다. '시뽀한테 쟤 옆에 가면 피부병 옮으니까 너도 말 섞지 말라고 할까?'

하지만 그렇게 말한다면 그 아이에게 실례였다. 아이 엄마가 레이시스트라고 해서 아이가 레이시스트인 것은 아니니까. 세상 아이들이 자신의 보호자를 선택해 태어날 수만 있다면 저런 말을 하는 사람을 엄마로 고를 리가 없다. 잘못한 것도 없는 아이를 무리해서 개입시키고 싶지는 않았다. 엄마와 아이는 별개의 존재니까. 저 아이가 내 아이가 아니라 한들, 모든 어른에게 보호받아야만 하는 개체라는 생각도 스쳐갔다. 나도 그런 어른 중 하나가 아닌가!

문제를 일으킨 당사자만을 상대로 딱 받은 만큼만 돌려주기로 했다.

"네가 방금 한 말 헤이트 스피치야. 애들 앞에서 헤이트 스피치 하는 것도 학대인 건 알지? 사람들이 너 엄청 쳐다보는 것 같은데?"

그녀는 눈을 흘기더니 아이 손을 낚아채 매장을 나갔다. 크게 한 방 날리지 못해 분했지만, 그 정도에서 그치기를 잘했다고 생각한다. 그 아이를 위해서도, 내 아이를 위해서도.

더 이상 작게 쪼개질 수 없는 독립적인 존재를 개인이라 부른다고 한다. 남편과 아내, 친구와 나, 동료와 나는 아무리 가까운 사이라 해도 성인 대 성인으로 쪼개지는 것이 이상하지 않다. 하지만 아이를 더는 쪼갤 수 없는 개별적인 존재로 대하기는 쉽지 않다. 혼자서 할 수 없는 것이 많아 어른을 대동해야 할 때가 많고, 보호받아야 하는 존재이기에 어른과 분리할 수 없을 것만 같다.

그러나 보호자가 곧 아이이고, 아이가 곧 보호자인 것은 아니다. 보호의 대상이라고 해서 개인이 아닌 것도 아니다. 가족에서, 사회에서 가장 어린 존재라 해도 '한 명의 개별적인 사람'으로 대우하고 대우받을 수 있다면, 아이와도 인간 대 인간으로서의 관계를 만들어 갈 수 있지 않을까.

스무 살 성인이 되었다고 해서 어느 날 갑자기 "짠! 이제 넌 스무 살 어른! 보호자로부터 독립한 개인이야!"라고 할 수는 없다. 아이가 개인으로 성장하기 위해서는 어른에게도 아이에게도 연습이 필요하다. 대중교통을 이용할 때도, 식당에서도, 가상 공간과 현실 공간에서도, 부모가 싸움닭이 되어 활개치는 순간에도 말이다.

그러기 위해서는 나부터가 나의 아이는 물론 세상 모든 아이를 한 사람 대 사람으로 존중해야 한다. 그래야 다른 사람도 나의 아이를 존중할 것이고, 가정에서부터 존중받고 자란 아이는 성인이 되어서도 타인을 존중하고 스스로의 자존감을 지키는 어른이 되지 않을까?

에필로그

새로운 개인주의 사용설명서

2000년대 초 호주제 폐지가 전국을 떠들썩하게 했다. 갓을 쓰고 한복 입은 어르신들이 도심 한복판에서 시위를 이어나갔다. 그때도 개인주의가 바쁘게 소환됐다.

"호주제가 폐지되면 개인주의가 물밀듯 밀려와 가족이 붕괴되고 근본이 파괴된다."

"호주제 폐기는 개인주의를 부추겨 이혼을 일상화시킨다."

"호적이 사라지고 개인별 신분등록을 하게 되면 가족, 사회 공동체 의식이 사라져 개인주의가 더욱 극심해질 것이다."

사회를 이루는 기본 단위를 개인이 아닌 가족으로 설정하고, 가족이라는 단 하나의 형태를 통해 사회 시스템을 유지하기 위해 꺼낸 개인주의 망국론이었다.

'호주제가 폐지되면 나라가 망한다'는 엄포에도 불구하고 큰 흐름은 막을 수 없었다. 2005년 헌법재판소는 호주제 헌법불합치 결정을 내렸고, 일제강점기에 생겨난 호주제는 21세기가 되어서야 역사의 뒤안길로 사라졌다.

그럼에도 '개인주의가 팽배하면 나라가 망한다'는 이야기는 여전히 들려온다. 어디서? 북녘에서. 북한 정권은 개인주의를 '날나리 바람'이라 하며, 개인주의에 오염되면 혁명의 원수가 될 것이라 엄포를 놓는다. 엄포 속에는 개인의 개인됨에 대한 두려움이 녹아 있는 것 같기도 하다. 권력이 국민을 계속해서 쥐락펴락하고 싶을 때 그들은 개인주의가 얼마나 위험한지를 이야기한다.

여기저기서 "개인주의는 안 돼요!" 목청을 높이니, 우리도 모르는 사이 '개인주의는 나쁜 것'이라는 생각을 내면화해 온 것은 아닐까. 하지만 개인을 존중하면서도 가족을, 사회를, 나라를 얼마든지 튼튼하게 가꿀 수 있다.

개인주의(individualism) 와 이기주의(egoism)의 차이 중 하나는 자신의 진정한 욕망이 무엇인지를 알고 있느냐 없느냐라고 한다. 이익의 최대화를 행동의 기준으로 삼는 에고이스트는 주류가 좇는 무언가, 다수가 일반적으로 추구하는 무언가가 곧 자신의 이익이라고 생각해 주변과 상충하곤 한다.

그러나 개인주의자는 다르다. 그것이 대세인지 아닌지를 떠나 자신이 어떤 사람이며 무엇을 원하는지를 안다. 나를 포함한 모든 개인이 추구하는 가치가 제각각이라는 사실을 수긍하고, 타인과 관계 맺으며 살아가기 위해서는 개인으로서의 나를 존중받고 나 역시 타인을 존중해야 한다고 여긴다. 하지만 우리가 살아온 환경에서는 자기 자신은 물론 타인이라는 개인에 대해 충분히 생각할 만한 여유를 갖기 어려웠다. 개인주의가 우려의 대상이 되거나, 개인이 모두 비슷하기를 기대받거나, 동일한 집단 속에서 하나로 뭉뚱그려지는 일이 흔해서였다.

촘촘하고 엄격하게 짜인 체를 통과하기 위해서는 타고난 모양새를 바꾸어 있는 듯 없는 듯한 미세한 입자가 되어야 했다. 덩어리진 채 걸러지지 않는 입자들은 손으로 짓눌러진다. 뭉개지고 으깨져서라도 체 안으로 들어가는 삶. 그렇게 고운 가루가 되면 뭐 하나. 원래의 내가 어떻게 생겼는지는 흔적도 찾을 수 없는데.

개인과 개인의 결합인 결혼만 해도 그랬다. "결혼 제도와 맞지 않아 결혼하고 싶지 않다"는 사람이 늘어가는 이유는 그동안의 결혼이 너무나도 '보편적'이었기 때문은 아닐까. 이제는 다른 시도가 필요하다. 한 사람이 살아가는 데에 있어서 개인주의를 발휘할 수 있게 두는 것이다. 그 모양새가 지금까지와는 다소 다를 수는 있겠지만 무슨 대수일까. 인간이 만들어 온 삶의 모습은 원시인이 고인돌 올리던 시대부터 달라져 왔다.

개개인은 삶에 책임감을 갖고 깊이 숙고한 끝에 자신에게 가장 좋은 방향으로 걸어 나간다. 그렇게 얻은 결론을 어느 누가 미완성이라 할 수 있겠으며, 어떤 이유로 불완전하다 할 것인가?

각각의 삶이 지닌 단점과 장점, 고충과 기쁨은 우리가 어떤 사람이며 추구하는 삶이 무엇인지에 따라 다르다. 그러니 다른 개인의 다른 선택을 불완전하게 보는 대신 "너에게 있어 완전한 길을 잘도 골랐구나!" 하면 어떨까. 내가 얼마나 존중받을 수 있는지는 다른 개인을 얼마나 존중할 수 있느냐에 달려 있다.

사회의 기본 단위가 개인이라면 어떨까? 더 많은 삶의 형태를 상상할 수 있게 된다. '남성과 여성으로 구성된 부부' 외의 다른 관계도 제도권에 들어갈 수 있을 것이고, 제도에 편입되고 싶지 않은 사람은 보다 자유로운 관계를 이어갈 수도 있다. 가정을 꾸린 사람들이 살아가는 모습도 지금과는 달라질 것이다.

개인주의가 확대되면 공동체가 무너지지 않겠느냐는 우려가 있을지도 모르겠다. 하지만 그 반대의 결과가 우리를 기다릴 수도 있다. 지금까지의 시스템 안에서의 개인은 너무나도 납작했다. 공동체의 유지와 질서라는 대의에 짓눌려버렸기 때문이다. 그러나 개인의 연대로 쌓아 올린 공동체는 다르다. 개인이 주인된 공동체 속에서 모든 구성원은 동등한 위치에 있으며, 상충되는 이해관계 속에서도 최대한 넓은 합의점을 찾아 나간다. 여기서는 개인을 강조하는 것이 공동체의 근간을 흔들지 못한다. 개인은 공동체를, 공동체는 개인을 보조한다.

그러니 개인을 중심으로 한 관계와 삶터를 만들어 보자. 제도 안이라도, 밖이라도, 혈연이어도, 혈연이 아니어도, 성별이며 국적이 같거나 달라도, 나이가 많거나 적어도, 위와 아래가 없어도 좋다. 이 질문에 대한 답을 나누고 싶다면 말이다.

"어떤 개인이 되고 싶습니까?"

"개인이 모여 어떻게 살아가면 좋겠습니까?"

도서출판 남해의봄날, 비전북스 30
우리 인생의 모범답안은 정해져 있지 않습니다. 대다수가 선택하고, 원하는 길이라 해서 그곳이 내 삶의 동일한 목적지는 될 수 없습니다. 진정한 자유를 위해 용기 있는 삶을 선택한 이들의 가슴 뛰는 이야기에 독자 여러분을 초대합니다.

이럴 거면 혼자 살라고 말하는 당신에게

초판 1쇄 펴낸날 2022년 1월 15일

지은이 최민지
편집인 박소희책임편집, 천혜란
마케팅 황지영, 이다석
디자인 로컬앤드
종이와 인쇄 미래상상

펴낸이 정은영편집인
펴낸곳 남해의봄날
경상남도 통영시 봉수1길 12, 1층
전화 055-646-0512
팩스 055-646-0513
이메일 books@namhaebomnal.com
페이스북 /namhaebomnal
인스타그램 @namhaebomnal
블로그 blog.naver.com/namhaebomnal

ISBN 979-11-85823-80-5 03300